✦ 초등학생이 알아야 할 한국사 인물 100명!

설민석의 초등 한국사 독해

왜 한국사와 독해일까요?

한국사는 독해와 떼려야 뗄 수 없는 과목이기 때문이에요.

5학년이 되면 학교에서 본격적으로 한국사를 배우기 시작해요.
한국사에서는 다양한 역사적 사건·제도·문화 등이 소개되며
낯선 어휘들이 쏟아지기 시작하죠.
독해의 기본이 되는 어휘력이 부족하면 당연히 한국사의 전체적인
흐름을 파악하는 것도 매우 어렵겠죠?

긴 문장을 '정확하게 제대로' 읽는 것이 무엇보다 중요해요.

대부분의 한국사 교재는 방대한 역사적 사건이나 흐름을 설명하기 위해
서술형으로 되어 있어요. 독해력이 향상되면 복잡한 내용을 쉽게
이해하고, 요점을 빠르게 파악할 수 있어요.
독해력이 부족하다면? 중요한 내용과 그렇지 않은 것을 구분하기
힘들기 때문에 학습의 효율이 크게 떨어지게 돼요.

설쌤은 고민했습니다.
한국사를 부담 없이 시작하고, 동시에 독해력까지 키울 수는 없을까?
그 고민의 결과는?

**재미있는 이야기를 통해 한국사 기초 지식을 익히고,
동시에 독해 실력까지 향상시켜주자!**

설쌤의 기나긴 고민의 결과물을 여러분께 선보입니다.
이제 여러분의 손에 달려 있어요. 설쌤이 늘 함께 하겠습니다!

한국사와 독해력! 동시에 잡아요!

한국사 인물 100명의 이야기를 시대순으로 구성했어요.
재미있게 이야기를 읽으며,
한국사 지식과 독해력을 모두 잡아 봅시다.

1권
우리 역사의 시작 ~ 고대

2권
통일 신라와 발해~고려

3권
조선

4권
일제 강점기~현대

한국사 지식 UP!
독해력도 UP!

이 책의 특장점

어휘 > 한국사 > 독해 3단계 학습전략

어휘
기본 어휘
예습 및 활용

➡️

한국사
재미난 한국사
인물 이야기로
지식 습득

➡️

독해완성
다양한 문제와
구조도로 마무리,
독해 실력 강화!

---

25 고려를 향한 변하지 않는 마음
정몽주

5주 5일 학습일

어휘 미리보기

1388년 위화도 회군 | 1392년 정몽주 사망 | 1392년 조선 건국

충신
나라와 임금을 위하여 충성을 다하는 신하.

병문안
아픈 사람을 찾아가 위로하는 일.

회유
어르고 달래어 시키는 말을 듣도록 함.

답변
물음에 대하여 밝혀 대답함.

일편단심
진심에서 우러나오는 변치 아니하는 마음을 이르는 말.

상징
추상적인 개념이나 사물을 구체적인 사물로 나타냄. 또는 그렇게 나타낸 구체적인 사물.

설쌤 강의 보기

어휘 사용하기

평강아! 내가 퀴즈를 내 볼게. 한번 답변해 봐!

대나무가 무엇을 상징하게?

음, 옛날에는 충신들을 대나무에 많이 비유했잖아. 그것과 관련이 있을 거 같은데······.

맞아! 변하지 않는 마음! 누군가 아무리 회유해도 넘어가지 않는 그 마음!

그런 마음을 일편단심이라고 하지!

이성계와 정몽주는 고려의 개혁을 위해 함께 앞장섰어. 하지만 □□□□ 사이가 갈라지기 시작했는데······. 과연 그 이유가 뭘까?

최영을 죽이고 권력을 잡은 이성계는 고려의 제도를 개혁해 나가기 시작했□□□ 뜻이 같았던 정몽주도 같이 개혁을 이루어 나갔지. 하지만 이 두 사람은 얼□ 않아 점점 뜻이 갈라지게 되었어.

□□는 흔들리는 고려를 무너뜨리고 새로운 나라를 세우려고 했어. 반면 정몽주는 □□를 끝까지 지키고자 했지. 고려를 무너뜨리지 않고 개혁해 바로 세우고자 했던 거야.

"나는 고려를 절대 포기할 수 없소!"

고려의 충신이었던 정몽주의 주장은 너무나도 확고했어. 하지만 새로운 나라를 세우고 싶었던 이성계에게 정몽주는 방해가 되는 존재였지.

정몽주의 죽음 그러던 어느 날, 이성계가 말에서 떨어져 다쳤어. 정몽주는 이성계의 병문안을 갔지. 이때 이성계의 다섯째 아들 이방원이 시를 지어 정몽주를 회유하려고 했어. 새로운 나라를 세워 오랫동안 같이 잘 다스려 보자고 말이야.

이 시를 듣고 정몽주도 시를 지어 이방원에게 답변했지. 자신의 생각은 변함없이 일편단심이라고 말이야. 정몽주는 끝내 이방원의 제안을 거절한 거야.

확고한 정몽주의 의지에 더 이상 설득이 어렵다고 생각한 이방원은 정몽주를 죽이기로 결심했어. 병문안을 마치고 돌아가는 정몽주에게 이방원은 자신의 부하들을 보냈지.

결국 정몽주는 선죽교라는 다리 위에서 죽임을 당했어. 그리고 정몽주가 죽고 나서 얼마 후, 이성계는 새로운 나라 조선을 세웠지.

이렇게 고려는 멸망했고 정몽주가 죽은 선죽교 자리에서는 붉은 대나무가 자랐다고 해. 그 대나무는 고려를 지키기 위해 끝까지 노력했던 충신, 정몽주의 상징 아니었을까?

어휘 어휘부터 알아보자!

이야기에 등장하는 중요 어휘를 먼저 알아볼게요.
어휘를 미리 익히면 설쌤의 이야기가 더 쉽게 이해될 거예요.
어휘력이 향상되면 방대한 한국사의 흐름도 문제 없어요.

한국사 설쌤의 한국사 인물 이야기!

초등학생이라면 꼭 알아야 할 100명의 역사 인물로 이야기를 구성했어요.
각 문단의 첫머리에서 해당 문단의 핵심 주제를 확인할 수 있어요. 핵심 주제를 바탕으로 내용을 정확하게 파악하는 것이 중요해요.

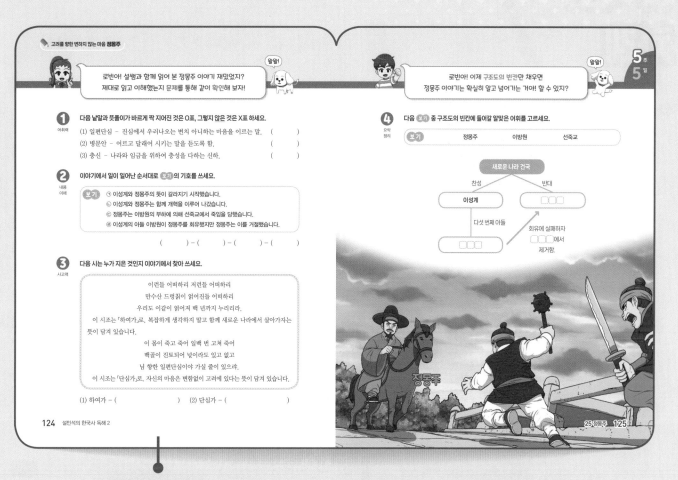

고려를 향한 변하지 않는 마음 **정몽주**

로빈아! 설쌤과 함께 읽어 본 정몽주 이야기 재밌었지?
제대로 읽고 이해했는지 문제를 통해 같이 확인해 보자!

알알!

① 다음 낱말과 뜻풀이가 바르게 짝 지어진 것은 O표, 그렇지 않은 것은 X표 하세요.

어휘력

(1) 일편단심 - 진심에서 우러나오는 변치 아니하는 마음을 이르는 말. (　　)
(2) 병문안 - 어르고 달래어 시키는 말을 듣도록 함. (　　)
(3) 충신 - 나라와 임금을 위하여 충성을 다하는 신하. (　　)

② 이야기에서 일이 일어난 순서대로 보기 의 기호를 쓰세요.

내용
이해

보기 ㉠ 이성계와 정몽주의 뜻이 갈라지기 시작했습니다.
㉡ 이성계와 정몽주는 함께 개혁을 이루어 나갔습니다.
㉢ 정몽주는 이방원의 부하에 의해 선죽교에서 죽임을 당했습니다.
㉣ 이성계의 아들 이방원이 정몽주를 회유했지만 정몽주는 이를 거절했습니다.

(　　) - (　　) - (　　) - (　　)

③ 다음 시는 누가 지은 것인지 이야기에서 찾아 쓰세요.

사고력

이런들 어떠하리 저런들 어떠하리
만수산 드렁칡이 얽어진들 어떠하리
우리도 이같이 얽어져 백 년까지 누리리라.

이 시조는 「하여가」로, 복잡하게 생각하지 말고 함께 새로운 나라에서 살아가자는
뜻이 담겨 있습니다.

이 몸이 죽고 죽어 일백 번 고쳐 죽어
백골이 진토되어 넋이라도 있고 없고
님 향한 일편단심이야 가실 줄이 있으랴.

이 시조는 「단심가」로, 자신의 마음은 변함없이 고려에 있다는 뜻이 담겨 있습니다.

(1) 하여가 - (　　　　　　　)　　(2) 단심가 - (　　　　　　　)

124　설민석의 한국사 독해 2

로빈아! 이제 구조도의 빈칸만 채우면
정몽주 이야기는 확실히 알고 넘어가는 거야! 할 수 있지?

알알!

5주
5일

④ 다음 보기 중 구조도의 빈칸에 들어갈 알맞은 어휘를 고르세요.

요약
정리

보기　　정몽주　　이방원　　선죽교

새로운 나라 건국

찬성　　　　반대

이성계　　　　[　　]

다섯 번째 아들　　회유에 실패하자

[　　]　　[　　]에서
제거함.

정몽주

25 정몽주 125

독해완성 다양한 유형의 문제와 구조도로 독해력 완성!

❶ [어휘력]-[내용이해]-[사고력]으로 구성된 문제를 통해 오늘 살펴본 어휘와 설쌤의
한국사 이야기를 제대로 파악했는지 확인해 봅시다.

❷ 마지막으로 오늘의 인물 이야기를 구조도로 머릿속에 깔끔하게 정리하면 끝!

생각 키우기
인물PLUS

최충헌 VS 만적

❝ 역사의 소용돌이 속에서
다른 길을 갔던 두 인물 ❞

Vs

	최충헌
출생	1149년
사망	1219년
한줄 요약	최씨 무신 정권을 세운 무장
연관 키워드	이의민 제거 / 교정도감 설치 / 봉사 10조 / 횡적지

	만적
출생	미상
사망	1198년
한줄 요약	신분 해방을 꿈꾼 노비
연관 키워드	최충헌의 노비 / 무신 집권기에 반란 / 순정의 배신 / 충류사

102　설민석의 한국사 독해 2

생각 키우기 인물 PLUS 103

역사를 들여다보면
같은 시대에 살면서 비슷한 꿈을
가진 사람들이 있었어요.
하지만 서로 다른 목표를 가지고
있어서 싸운 사람들도 있었죠.
매주 <생각 키우기 인물PLUS>에서
역사 속 유명인들의 흥미로운 관계를
함께 알아보아요.

이 책의 차례

✏️ <정답과 도움말>은 책 안에 별도의 책으로 드려요!

1권, 3권, 4권 살펴보기

1권

		01	02	03	04	05	인물PLUS
1주		단군왕검	동명성왕	온조	박혁거세	김수로	김수로VS석탈해
		06	07	08	09	10	인물PLUS
2주		석탈해	김알지	근초고왕	무령왕	을파소	근초고왕VS고국원왕
		11	12	13	14	15	인물PLUS
3주		광개토 대왕	장수왕	진흥왕	우륵	온달	성왕VS진흥왕
		16	17	18	19	20	인물PLUS
4주		을지문덕	원효	의상	선덕 여왕	무열왕	원효와 의상
		21	22	23	24	25	인물PLUS
5주		문무왕	김유신	연개소문	계백	의자왕	김유신VS계백

3권

		01	02	03	04	05	인물PLUS
1주		이성계	정도전	태종	세종	장영실	정몽주VS정도전
		06	07	08	09	10	인물PLUS
2주		이황	신사임당	이이	류성룡	이순신	신사임당과 이이
		11	12	13	14	15	인물PLUS
3주		곽재우	광해군	허준	허난설헌	숙종	허난설헌과 허균
		16	17	18	19	20	인물PLUS
4주		안용복	영조	정조	정약용	김홍도	영조와 정조
		21	22	23	24	25	인물PLUS
5주		김정호	흥선 대원군	전봉준	김대건	최제우	흥선 대원군VS명성 황후

4권

		01	02	03	04	05	인물PLUS
1주		지석영	박은식	최재형	나철	서재필	박은식과 백남운
		06	07	08	09	10	인물PLUS
2주		이회영	홍범도	헐버트	김구	주시경	안창호와 신채호
		11	12	13	14	15	인물PLUS
3주		안창호	한용운	신채호	안중근	김좌진	안중근과 최재형
		16	17	18	19	20	인물PLUS
4주		방정환	유관순	나운규	이봉창	윤봉길	이봉창과 윤봉길
		21	22	23	24	25	인물PLUS
5주		이중섭	이육사	전형필	이승만	장기려	이육사와 윤동주

1주

1일

2일

이번 주에 만날 인물 5명의 특징을
제목으로 먼저 살펴보자.

3일

장보고
해상왕이라
불린 사나이

☐ 월 ☐ 일

4일

최치원
신분의 한계에
부딪힌 비운의
천재

☐ 월 ☐ 일

5일

견훤
자신의 나라를
스스로
무너뜨리다

☐ 월 ☐ 일

01

통일 신라의 번영을 위한 기반을 닦자!
신문왕

676년
신라의 삼국 통일

681년
신문왕 즉위

682년
감은사 건립

어휘 미리보기

반란

정부나 지도자에 반대하여 공격하거나 싸움을 일으킴.

진압

강압적인 힘으로 억눌러 진정시킴.

제도

관습이나 도덕, 법률 따위의 규범이나 사회 구조의 체계.

정비

흐트러진 체계를 정리하여 제대로 갖춤.

천하

하늘 아래 온 세상.

터

집이나 건물을 지었거나 지을 자리.

어휘 사용하기

평강아!
어제 읽은 책에서 나온 질문인데, 너는 천하를 손에 넣으면 뭐부터 할 거야?

그야 당연히 통치 제도를 정비하는 게 우선 아닐까?

그래? 나는 반대 세력부터 제거해야 한다고 생각해!

왜냐하면 그들이 언제 반란을 일으킬지 모르잖아.

반대 세력이라고 무조건 제거하기보다는 포용하는 것이 더 중요하지 않을까?

신문왕 때 '만파식적'이라는 신기한 피리가 있었대.
이 피리는 나라의 보물로 여겨질 만큼 소중했다고 하는데, 그 이유가 뭘까?

신문왕의 왕권 강화 삼국 통일을 이룬 신라의 문무왕이 죽고 그의 아들 신문왕이 왕위에 올랐어. 신문왕은 통일된 신라를 평화롭게 잘 다스려 나가야 했지.

그런데 신문왕이 왕위에 오른 지 얼마 되지 않아 반란이 일어났어. 반란의 주인공은 막강한 힘을 가진 귀족이자 신문왕의 장인이었어. 신문왕은 반란을 빠르게 진압하고 자신의 반대 세력들까지 모두 제거해 버렸지. 이 일로 귀족들의 힘은 약해진 반면 신문왕의 힘은 아주 강해졌어. 이렇게 강해진 왕권을 바탕으로 신문왕은 나라의 여러 제도들을 새롭게 정비해 나갈 수 있었지.

만파식적 한편, 신문왕은 아버지 문무왕께 감사하는 마음으로 '감은사'라는 절을 지었어. 그런데 어느 날 신문왕은 신기한 소식을 들었어. 동해 바다에 있는 작은 섬이 감은사를 향해서 떠내려 오고 있다는 거야. 심지어 그 섬은 거북이 머리 모양을 하고 있었고, 섬에 있는 대나무는 낮에는 둘로 갈라지고 밤에는 다시 하나로 합쳐졌대. 신문왕은 직접 확인하기 위해 섬으로 찾아갔지.

신문왕이 섬에 도착하자 더 놀라운 일이 일어났어. 갑자기 바다에서 용이 나타났거든! 용이 신문왕에게 말했어.

"이 대나무로 피리를 만들어 불어라. 천하가 평화로워질 것이다."

신문왕은 기뻐하며 피리를 만들어 불었어. 그러자 신기한 일이 일어났지. 피리를 불면 적들이 물러가고, 아픈 사람들의 병이 나았어. 가뭄에는 비가 오고 풍랑이 몰아칠 때 바람은 잠잠해지고 물결은 평온해졌지. 정말 마법 같지 않니?

신문왕은 이 피리의 이름을 '만파식적'이라 짓고 신라의 보물로 삼았어. 그리고 나라에 어려운 일이 있을 때마다 만파식적을 불면서 신라를 지켜 냈어. 지금도 경주 동쪽 바다(감포)에 감은사터와 탑이 남아 있다고 해. 🧑

왈왈!

로빈아! 설쌤과 함께 읽어 본 신문왕 이야기 재밌었지?
제대로 읽고 이해했는지 문제를 통해 같이 확인해 보자!

1 어휘력

다음 뜻풀이에 알맞은 낱말을 보기 에서 골라 쓰세요.

| 보기 | 정비 | 반란 | 제도 |

(1) 정부나 지도자에 반대하여 공격하거나 싸움을 일으킴.　　(　　　　)

(2) 흐트러진 체계를 정리하여 제대로 갖춤.　　　　　　　　(　　　　)

(3) 관습이나 도덕, 법률 따위의 규범이나 사회 구조의 체계.　(　　　　)

2 내용 이해

이야기의 내용과 일치하는 것은 O에 표시하고, 일치하지 않는 것은 X에 표시하세요.

(1) 신문왕이 왕위에 오른 지 얼마 되지 않아 반란이 일어났습니다.　　(O / X)

(2) 반란 이후 신문왕의 왕권은 매우 약해지고 귀족들의 세력이 강해졌　(O / X)
　　습니다.

(3) 신문왕은 아버지 문무왕에게 감사하는 마음으로 절을 지었습니다.　(O / X)

3 사고력

다음 글을 읽고 빈칸에 들어갈 알맞은 낱말을 차례대로 쓰세요.

　신문왕은 다양한 제도들을 새롭게 정비했어요. 영토를 9주 5소경으로 개편하였어
요. 각 주에는 관리들을 보내 다스리게 했지요. 신라 귀족들은 5소경으로 보냈어요.
귀족들을 5소경으로 보냄으로써 그곳에 살고 있던 백제, 고구려 유민들에게 자신들
이 신라 사람이라는 생각을 갖게 하여 소속감을 심어 주었지요. 또한 귀족들을 뿔뿔
이 흩어지게 하여 귀족들의 힘을 약화시키고 왕권을 강화하려 했답니다.

→ 9주 5소경 개편을 통해 백제, 고구려 유민들에게 신라에 대한 [ ][ ][ ]을/를
　갖게 했고, 귀족들의 힘을 약화시키고 [ ][ ]을/를 강화했습니다.

로빈아! 이제 **구조도의 빈칸**만 채우면
신문왕 이야기는 확실히 알고 넘어가는 거야! 할 수 있지?

왈왈!

4 다음 보기 중 구조도의 빈칸에 들어갈 알맞은 어휘를 고르세요.

요약
정리

보기   감은사   신문왕   만파식적

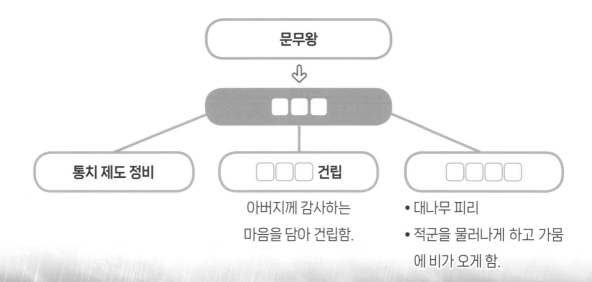

문무왕
⇩
□□□

통치 제도 정비

□□□ 건립
아버지께 감사하는
마음을 담아 건립함.

□□□□
• 대나무 피리
• 적군을 물러나게 하고 가뭄
에 비가 오게 함.

02

고구려를 계승한 나라, 발해를 건국한
대조영

668년	698년	926년
고구려 멸망	발해 건국	발해 멸망

어휘 미리보기

유 민
망하여 없어진 나라의 백성.

고 국
남의 나라에 있는 사람이 자신의 조상 때부터 살던 나라를 이르는 말.

차 별
둘 이상을 각각 등급이나 수준 따위의 차이를 두어서 구별함.

세 금
국가나 지방 공공 단체가 필요한 경비로 사용하기 위하여 국민이나 주민으로부터 강제로 거두어들이는 돈.

정 착
일정한 곳에 자리를 잡아 붙박이로 있거나 머물러 삶.

후 예
자신의 세대에서 여러 세대가 지난 뒤의 자녀를 통틀어 이르는 말.

어휘 사용하기

평강아!
어제 우리 옆집에 외국인 가족이 이사 왔다?

정말?
어느 나라에서 왔대?

몽골에서 왔다고 했어.
어제 이야기를 나눠보니 고국을 떠나와서 걱정이 많은가 봐.
한국에서 차별받을까 봐 걱정된대.

오! 칭기즈 칸의 후예! 몽골!

그들이 잘 정착할 수 있도록 온달이가 많이 도와줘.

남쪽의 신라, 북쪽의 발해를 합쳐 **남북국 시대**라고 해!
대조영이 발해를 **건국**하면서 남북국 시대가 열렸다고 말하기도 하지.

고구려 유민 대조영 고구려가 신라와 당나라 연합군에 의해 멸망한 뒤 고구려 유민들은 고국을 잃은 슬픔에 잠겨 있었어. 그토록 강하고 자랑스러웠던 고구려가 허무하게 멸망하자 너무 괴로웠거든. 게다가 고구려 유민들 중 일부는 당나라에 끌려가기도 했어. 고구려 유민들은 낯선 당나라 땅에서 거란족, 말갈족 등과 함께 살아가게 되었지. 고구려의 장군 집안이었던 대조영도 가족들과 함께 당나라 땅으로 옮겨 살았어.

당나라 관리들은 고구려 유민들을 당나라 사람들과 **차별**하면서 세금도 많이 거두었어. 당나라 관리들은 고구려 유민들뿐만 아니라 거란족과 말갈족도 힘들게 했어. 결국 참다못한 거란족이 반란을 일으키자 대조영은 이때가 기회라고 생각했어. 그리고 당나라군이 혼란스러운 틈을 타 고구려 유민들과 말갈족을 이끌고 동쪽으로 도망쳤지.

↑ 발해의 영토

발해 건국 당나라군은 대조영의 뒤를 끈질기게 쫓아왔어. 많은 무리들을 이끌고 있던 대조영은 아주 어깨가 무거웠을 거야.

치열한 전투 끝에 대조영은 당나라군을 물리치고 드디어 **정착**하게 되었어. 그리고 고구려 유민들과 함께 옛 고구려 땅이었던 동모산에 성을 쌓고 살았지. 대조영의 굳세고 용맹스러운 모습은 널리 알려졌고, 소식을 들은 고구려 유민들과 말갈족은 동모산으로 점점 모여들었지.

"우리는 고구려의 후예다!"

대조영은 고구려의 후예임을 드러내며 발해라는 나라를 세웠어. 이후 발해는 고구려의 옛 땅을 대부분 되찾으며 눈부신 발전을 이루었단다.

로빈아! 설쌤과 함께 읽어 본 대조영 이야기 재밌었지?
제대로 읽고 이해했는지 **문제를 통해 같이 확인해 보자!**

1 다음 낱말에 알맞은 뜻풀이를 선으로 이으세요.

어휘력

(1) 유민 •   • ㉠ 자신의 세대에서 여러 세대가 지난 뒤의 자녀.

(2) 정착 •   • ㉡ 망하여 없어진 나라의 백성.

(3) 후예 •   • ㉢ 일정한 곳에 자리를 잡아 붙박이로 있거나 머물러 삶.

2 다음 중 이야기의 내용과 일치하지 <u>않는</u> 것은 무엇인가요?   (   )

내용
이해

① 대조영은 동모산 쪽에 정착하여 발해를 세웠습니다.

② 당나라 관리들은 거란족과 말갈족에게는 호의를 베풀었습니다.

③ 당나라 관리들은 고구려 유민들을 차별했습니다.

④ 고구려가 멸망한 뒤, 일부 고구려 유민들은 당나라 땅에서 살게 되었습니다.

⑤ 대조영의 이야기를 들은 고구려 유민들과 말갈족은 점점 동모산으로 모였습니다.

3 다음 글의 내용을 알맞게 말한 친구의 이름을 쓰세요.

사고력

> 대조영은 발해가 고구려의 문화와 정신을 계승한 나라라고 하였습니다. 온돌과 무덤 양식 등 고구려와 비슷한 부분이 많이 나타났으며, 발해의 백성은 대부분 고구려인과 말갈인이었습니다.
>
> 발해는 큰 발전을 이루었고 당나라는 발해를 나라로 인정하게 되었습니다. 발해는 넓은 영토를 차지하고 활발한 무역 활동을 벌였습니다.

> 윤진: 발해는 백제의 정신을 계승한 나라야.
>
> 태성: 발해는 고구려와 비슷한 부분이 많아.
>
> 정우: 발해의 백성은 고구려 유민과 말갈인으로 구성되었어.

(   )

왈왈!

로빈아! 이제 **구조도의 빈칸**만 채우면
대조영 이야기는 확실히 알고 넘어가는 거야! 할 수 있지?

4

요약
정리

다음 보기 중 구조도의 빈칸에 들어갈 알맞은 어휘를 고르세요.

보기　　　　발해　　　　대조영　　　　동모산

고구려 유민

고구려 멸망 이후 대조영
등이 당으로 이주함.

거란족

말갈족

↑

당나라 관리의 괴롭힘

→ **거란족** →
반란을 일으킴.

□□□
고구려 유민을
이끌고 탈출함.

⇨ □□ **건국**
□□□에
성을 쌓고 건국함.

대조영

발해

03

해상왕이라 불린 사나이
장보고

771년
성덕 대왕 신종 완성

828년
청해진 설치

846년
장보고 사망

어휘 미리보기

출세

사회적으로 높은 지위에 오르거나 유명하게 됨.

발휘

재능, 능력 등을 잘 나타냄.

해적

배를 타고 다니면서, 다른 배나 해안 지방을 공격하여 돈이나 물건을 빼앗는 강도.

해결

사건이나 문제, 일 등을 잘 처리해 끝을 냄.

기지

군대, 탐험대 등이 머물면서 활동할 수 있게 필요한 시설을 갖춘 장소.

장악

손안에 잡아 쥔다는 뜻으로, 무엇을 마음대로 할 수 있게 됨을 이르는 말.

어휘 사용하기

평강아. 뉴스 봤어?

소말리아 주변 바다에서 해적들이 우리나라 배를 납치했대!

응, 들었어.
그래서 우리나라 해군 기지에서 병력이 문제를 해결하러 갈 거래! 해적들이 장악하고 있는 지역으로 출발했다고 해.

요즘에도 해적들이 있다니 정말 놀라워.

하루빨리 우리나라 배에 타고 있던 사람들이 구조되었으면 좋겠어!

장보고는 '바다의 왕'이라고 불릴 만큼 신라 사람들에게 영웅이었다고 해.
그 이유를 같이 알아보자!

장보고의 결심 장보고는 어릴 때부터 무예가 뛰어나고 수영도 잘했어. 하지만 신분이 낮았던 탓에 신라에서는 크게 활약하기가 힘들었지. 그래서 장보고는 신라를 떠나 당나라로 가게 되었어. 당나라는 신라처럼 신분 제도가 엄격하지 않았고, 외국인에게도 **출세**할 수 있는 길이 열려 있었거든. 장보고는 당나라의 장군이 되어 자신의 능력을 발휘했지.

그런데 어느 날, 장보고는 당나라에서 충격적인 장면을 보았어. 해적들이 신라의 배를 공격해 신라 사람들을 마음대로 잡아온 뒤, 노예로 팔아서 돈을 벌고 있었던 거야.

"감히 신라 사람들을……. 절대 가만 두지 않겠다!"

화가 머리끝까지 치솟은 장보고는 신라로 돌아가서 이 상황을 **해결**해야겠다고 결심했어.

바다의 왕 장보고 신라로 돌아온 장보고는 왕에게 모든 것을 알리며 군사를 달라고 요청했어.

"제가 해적들을 물리치고 백성들을 구하겠습니다!"

당당한 장보고의 모습에 왕은 흔쾌히 군사를 주었어. 이후 장보고는 당나라와 일본을 오가는 중요한 위치인 완도에 '청해진'이라는 **기지**를 세우고 해적들을 물리쳤지.

덕분에 바다를 오가는 모든 사람들을 해적들로부터 안전하게 지킬 수 있었어. 이렇게 장보고가 바다를 **장악**하자 신라는 더 이상 해적들에게 괴롭힘 당할 걱정도 없었지. 다른 나라와의 무역도 활발하게 할 수 있었어. 이 모든 게 장보고가 바다를 든든하게 지키고 있었기 때문에 가능한 일이었지. 그래서 사람들은 장보고를 '바다의 왕'이라고 불렀다고 해.

월왈!

로빈아! 설쌤과 함께 읽어 본 장보고 이야기 재밌었지?
제대로 읽고 이해했는지 문제를 통해 같이 확인해 보자!

1 다음 낱말과 뜻풀이가 바르게 짝 지어진 것은 O에 표시하고, 그렇지 않은 것은 X에 표시하세요.

어휘력

(1) 출세 – 사회적으로 높은 지위에 오르거나 유명하게 됨. (O / X)

(2) 발휘 – 재능, 능력 등을 잘 나타냄. (O / X)

(3) 기지 – 사건이나 문제, 일 등을 잘 처리해 끝을 냄. (O / X)

2 다음은 온달이가 장보고에 대해 정리한 내용입니다. 알맞지 <u>않은</u> 것은 무엇인가요? ( )

내용
이해

① 장보고는 어릴 때부터 능력이 뛰어났다. ② 하지만 신분의 한계로 신라를 떠나 당나라로 가게 되었다. 장보고는 당나라에서 장군이 되어 실력을 발휘했다. ③ 당나라에서 해적들이 신라의 배를 공격하는 것을 본 장보고는 신라로 돌아왔다. ④ 장보고는 청해진이라는 기지를 세우고 해적들을 물리쳤다. ⑤ 하지만 다른 나라와의 무역은 여전히 어려운 일이었다.

3 다음 글을 읽고 사람들이 장보고를 '바다의 왕'이라고 부른 이유를 고르세요. ( )

사고력

신분이 낮았던 장보고는 당나라로 건너가 훌륭한 장군이 되었어요. 당나라의 해적들이 신라의 배를 위협하는 것을 본 장보고는 신라로 돌아와 완도에 청해진이라는 기지를 세웠어요. 그리고 당나라 해적들이 바다를 넘어올 때마다 크게 물리치고 신라 사람들을 구했어요. 사람들은 이러한 장보고를 '바다의 왕'이라고 불렀답니다.

① 신분이 낮았기 때문에

② 어부의 아들이었기 때문에

③ 신라의 배를 위협했기 때문에

④ 당나라로 건너가 훌륭한 장군이 되었기 때문에

⑤ 해적들을 물리치고 신라 사람들을 구했기 때문에

로빈아! 이제 **구조도의 빈칸**만 채우면
장보고 이야기는 확실히 알고 넘어가는 거야! 할 수 있지?

4

요약
정리

다음 **보기** 중 구조도의 빈칸에 들어갈 알맞은 어휘를 고르세요.

보기   해적   장보고   청해진

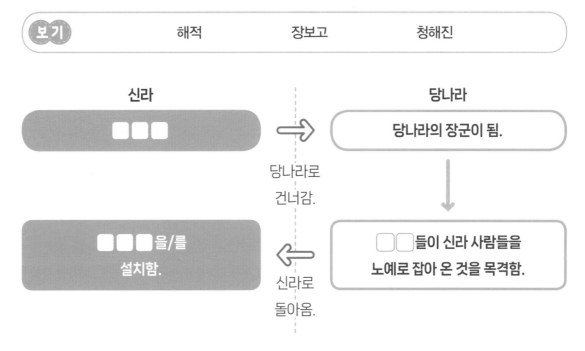

신라

□□□ →

당나라

당나라의 장군이 됨.

당나라로
건너감.

□□□을/를
설치함. ←

신라로
돌아옴.

□□들이 신라 사람들을
노예로 잡아 온 것을 목격함.

청해진

04

신분의 한계에 부딪힌 비운의 천재
최치원

874년
빈공과 합격

894년
진성 여왕에게
개혁안 10여조 제시

935년
통일 신라 멸망

어휘 미리보기

규 모
사물이나 현상의 크기나 범위.

제 한
일정한 한도를 정하거나 그 한도를 넘지 못하게 막음.

제 약
조건을 붙여 내용을 제한함. 또는 그 조건.

문 장 가
글을 뛰어나게 잘 짓는 사람.

개 혁
제도나 기구 따위를 새롭게 뜯어고침.

좌 절
마음이나 기운이 꺾임.

어휘 사용하기

평강아!
어제 전국 글짓기 대회에 나갔다면서?
어땠어?

엄청난 **규모**의 인원이 참여한 글짓기 대회였어.
전국에 있는 뛰어난 **문장가**들이 한곳에 모인 것 같았어.

글짓기 주제는 뭐였어?

살면서 **좌절**했던 경험에 대해 자유롭게 쓰는 거였어.
글자 수 **제한**이 있어서 3,000자 이내로 써야 하는 게 조금 힘들었어.

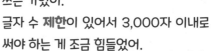

최치원은 신라의 뛰어난 인재였지만 자신의 능력을
마음껏 펼치지 못했어. 그 이유는 무엇이었을까?

신분의 한계 신라는 엄격한 신분제 사회였어. 신분에 따라 관직뿐만 아니라 집의 규모, 옷의 색깔 등 일상생활까지 제한받아야 했지. 최치원은 6두품 신분이었는데, 6두품은 성골과 진골 다음의 신분이었어. 그래서 아무리 능력이 뛰어나도 높은 관직에는 오를 수 없었지. 결국 신분의 벽에 가로막혀 능력을 펼칠 수 없는 6두품들은 당나라에 유학을 가곤 했어. 최치원 역시 같은 이유로 어린 나이에 당나라로의 유학을 결정했지.

당나라에서의 활약 당나라에서 최치원은 신분의 제약 없이 능력을 펼칠 수 있었어. 18살에 당나라의 외국인 시험인 빈공과에서 1등으로 합격하기도 했지. 그리고 글을 아주 잘 써서 문장가로 이름을 알렸어.

외국인임에도 불구하고 능력을 인정받게 된 최치원은 당나라의 높은 관직에도 올랐어. 정말 대단하지 않니?

최치원의 좌절 최치원은 당나라에서의 관직 생활을 마치고 다시 신라로 돌아왔어. 이때의 신라는 매우 어지럽고 혼란스러운 시기였지. 여전히 신분의 한계가 존재했고 살기 어려운 백성들은 나라에 불만이 아주 많았거든. 최치원은 이러한 신라를 바로 다스리기 위해 개혁이 필요하다고 생각했어.

"옳은 방향으로 개혁을 해야 합니다. 받아들여 주십시오!"

최치원은 왕에게 10여 개의 개혁안을 올렸어. 하지만 당시 권력을 잡고 있던 귀족들의 강한 반대로 최치원의 개혁안은 받아들여지지 않았지. 크게 좌절한 최치원은 신분의 한계를 느끼며 가슴 아파했어.

"6두품이라는 이유만으로 내 뜻을 펼칠 수 없다니……. 참으로 안타깝구나."

결국 관직을 버린 최치원은 전국을 돌아다니며 남은 인생을 보냈다고 해.

로빈아! 설쌤과 함께 읽어 본 최치원 이야기 재밌었지?
제대로 읽고 이해했는지 **문제**를 통해 같이 **확인**해 보자!

왈왈!

1 어휘력

다음 빈칸에 들어갈 알맞은 낱말을 보기 에서 골라 쓰세요.

보기   제한   좌절   개혁

(1) 신라는 엄격한 신분제 사회로, 신분에 따라 일상생활에 많은 ☐☐을 받았습니다.

(2) 최치원은 혼란스러운 신라를 위해 올바른 ☐☐이 필요하다고 생각했습니다.

(3) 신라로 돌아온 최치원은 자신의 의견이 받아들여지지 않자 크게 ☐☐했습니다.

2 내용 이해

최치원에 대한 설명으로 알맞지 <u>않은</u> 것을 보기 에서 골라 기호를 쓰세요.

보기   ㉠ 최치원의 신분은 6두품이었습니다.
㉡ 최치원은 어린 나이에 당나라로 유학을 갔습니다.
㉢ 당나라에서 최치원은 문장가로 이름을 알렸습니다.
㉣ 신라로 돌아온 최치원은 신라를 개혁하는 데 성공했습니다.

(   )

3 사고력

다음 글을 읽고 최치원이 개혁안을 올린 이유는 무엇인지 고르세요.   (   )

당에서 돌아온 최치원은 신라를 위해 일할 생각으로 들떴어요. 그러나 귀족들은 최치원을 견제하여 그를 지방에서 일하도록 했지요. 당시 신라는 지방 호족들의 횡포로 혼란스러웠어요. 최치원은 답답했지만 신분적 한계로 개혁을 이끌 수 없었어요. 고민 끝에 최치원은 진성 여왕에게 개혁안을 올렸으나 받아들여지지 않았지요. 실망한 그는 이후 관직을 버리고 전국을 떠돌아다녔답니다.

① 왕에게 잘보이고 싶어서   ② 다른 귀족들의 부탁을 받아서

③ 자신이 돈을 많이 벌기 위해서   ④ 다시 당나라로 돌아가고 싶어서

⑤ 당시 신라의 문제점을 해결하기 위해서

로빈아! 이제 **구조도의 빈칸**만 채우면
최치원 이야기는 확실히 알고 넘어가는 거야! 할 수 있지?

왈왈!

4
요약
정리

다음 **보기** 중 구조도의 빈칸에 들어갈 알맞은 어휘를 고르세요.

보기 　　　최치원　　　빈공과　　　문장가　　　개혁안

신라
☐☐☐

유학을 떠남. ⇨

당나라
☐☐☐ 합격

↓

당나라
관리가 됨.
☐☐☐(으)로 이름을 날림.

⇦ 신라로 돌아옴.

왕에게 10여 개의
☐☐☐을/를 올림.

받아들여지지 않음.

성 여왕　　최치원

05

자신의 나라를 스스로 무너뜨린
견훤

867년
견훤 출생

900년
후백제 건국

936년
후백제 멸망

설쌤 강의 보기

어휘 미리보기

도 적
남의 물건을 훔치거나 빼앗는 따위의 나쁜 짓. 또는 그런 짓을 하는 사람.

반 발
어떤 상태나 행동 따위에 대하여 거스르고 반항함.

세 력
어떤 속성이나 힘을 가진 집단.

압 도
보다 뛰어난 힘이나 재주로 남을 눌러 꼼짝 못 하게 함.

신 세
주로 불행한 일과 관련된 상황이나 형편.

탈 출
어떤 상황이나 구속 따위에서 빠져나옴.

어휘 사용하기

평강아!
어제 방 탈출 카페는 재미있었어?

그럼! 다들 암호를 풀지 못해서 포기할 뻔했는데 내가 풀었어.
모두 내 실력에 압도당한 것 같더라.

다른 애들은 구경만 하는 신세가 되었겠네!

아냐, 그래도 모두가 머리를 맞대고 열심히 했어.

서로의 의견에 반발하지 않고 도우면서 하니까 정말 재미있더라.

견휜은 자신이 세운 나라를 자신의 손으로 무너뜨리고 말아.
견휜은 왜 그런 선택을 하게 된 걸까?

후백제 건국 견휜은 신라의 군인이었어. 당시 신라는 아주 어지러운 상황이었지. 백성들은 가난에 못 이겨 도적이 되기도 하고 너나 할 것 없이 나라에 대한 **반발**도 커져만 갔거든. 반면 지방 세력이나 군인들의 힘은 커져 갔어. 견휜 역시 자신과 뜻이 맞는 부하들을 이끌면서 힘을 키웠지. 수많은 부하들을 거느리게 된 견휜은 새로운 나라를 세웠어. 그리고 백제의 뒤를 잇는다는 의미에서 '백제'라고 이름 지었지. 견휜이 세운 백제를 삼국 시대의 백제와 구분하기 위해 후백제라고 부른단다.

후백제의 성장 왕이 된 견휜은 후백제를 강한 나라로 만들어 나갔어. 신라에 쳐들어가서 신라의 왕을 죽이고 새로운 왕을 세우기도 했어. 후백제가 자리 잡은 땅은 농사가 잘 되어서 쌀이 풍부했기 때문에 경제적으로도 여유로웠어. 이처럼 후백제는 한때 고려와 신라를 압도할 만큼 강했단다.

후백제 멸망 하지만 후백제는 흔들리기 시작했어. 견휜은 여러 명의 아들 중 넷째 금강에게 왕위를 물려주려고 했지. 나머지 아들들은 이에 반대하고 나섰어. 결국 첫째 아들인 신검이 동생 금강을 죽이고 아버지 견휜을 절에 가두어 버렸어. 순식간에 신검이 후백제의 왕이 되고 견휜은 절에 갇혀 꼼짝도 못하는 신세가 되었지. 가까스로 절에서 탈출한 견휜은 한때 적이었던 고려의 왕건을 찾아갔어. 그리고 신검을 막기 위해 왕건에게 항복했지. 견휜은 고려가 후백제를 멸망시킬 때 가장 앞장섰어. 자신이 세운 나라를 자신의 손으로 무너뜨리게 되다니, 아마 상심이 엄청났을 거야. 그렇게 후백제가 멸망하고 얼마 뒤 견휜은 죽음을 맞이했어. 🧑

로빈아! 설쌤과 함께 읽어 본 견훤 이야기 재밌었지?
제대로 읽고 이해했는지 문제를 통해 같이 확인해 보자!

왈왈!

1 다음 낱말에 알맞은 뜻풀이를 선으로 이으세요.

어휘력

(1) 압도 •
(2) 반발 •
(3) 신세 •

• ㉠ 주로 불행한 일과 관련된 상황이나 형편.
• ㉡ 보다 뛰어난 힘이나 재주로 남을 눌러 꼼짝 못 하게 함.
• ㉢ 어떤 상태나 행동 따위에 대하여 거스르고 반항함.

2 이야기와 일치하는 내용은 O에 표시하고, 일치하지 **않는** 것은 X에 표시하세요.

내용
이해

(1) 견훤은 백제의 뒤를 잇는다는 의미로 후백제를 세웠습니다. (O / X)
(2) 후백제가 자리한 곳은 농사짓기 어려운 곳이었습니다. (O / X)
(3) 견훤의 첫째 아들 신검은 동생을 죽이고 아버지를 절에 가두었습니다. (O / X)
(4) 견훤은 고려의 왕건에게 항복하였습니다. (O / X)

3 다음 글을 읽고 빈칸에 들어갈 알맞은 낱말을 쓰세요.

사고력

> 견훤의 탄생에는 신비한 이야기가 있어요. 예전 한 부자에게는 아름다운 딸이 한 명 있었어요. 어느 날 딸이 이런 말을 했지요. "밤마다 보라색 옷을 입은 남자가 찾아옵니다." 이 말을 들은 아버지는 그 사나이의 옷에 실이 달린 바늘을 꽂아 두라고 했어요. 딸은 그 말대로 했고, 다음 날 실을 따라가 보니 그 바늘은 지렁이에 꽂혀 있었어요. 얼마 후 딸은 아들을 낳았고, 그 아이는 자라 스스로를 견훤이라고 불렀답니다.

→ 한 여인은 밤마다 (1) ☐☐☐ 옷을 입고 찾아오는 남자의 옷에 (2) ☐☐ 을/를 꽂아 두었고, 다음 날 따라가 보니 (3) ☐☐☐ 이/가 있었습니다. 얼마 후 여인이 낳은 아들은 자라 스스로 (4) ☐☐ (이)라는 이름을 붙였습니다.

로빈아! 이제 **구조도의 빈칸**만 채우면
견훤 이야기는 확실히 알고 넘어가는 거야! 할 수 있지?

왈왈!

4 다음 보기 중 구조도의 빈칸에 들어갈 알맞은 어휘를 고르세요.

요약
정리

보기　　　견훤　　　신검　　　후백제

□□　　　—　　　□□□ 건국　　　→　　　첫째 아들 □□이 견훤을
절에 가두고 왕이 됨.

견훤이 후백제를 공격하는 데 앞장섬.

고려　　　←　　　견훤은 절에서 탈출하여 고려에 항복함.

" 역사의 소용돌이 속에서
다른 길을 갔던 두 인물 "

옆의 사진은 충청남도 논산에
위치한 견훤의 묘라고 전해지는 무덤이야.
견훤은 후백제를 강한 나라로 만들기 위해
자신이 직접 전쟁터에 나가거나 중국과 교류를
이어 갔지. 그리고 고려를 세운 왕건과의 싸움에서도
밀리지 않았대. 하지만 견훤은 큰 아들의
배신으로 절에 갇히고, 결국 탈출하여
왕건에 항복했다고 해.

🔽 논산 전 견훤 묘

견훤

출생	867년
사망	936년
한 줄 요약	후백제를 세운 왕
연관 키워드	후백제 건국 신라의 장군 금산사 신검

견훤 VS 왕건

이 사진은 일제 강점기 때 찍은 고려 태조 왕건의 무덤 '현릉'이야. 왕건은 원래 후고구려를 세운 궁예의 신하였어. 그러나 점차 궁예가 잘못된 정치를 하자 다른 신하들의 설득으로 궁예를 몰아내고 고려를 건국하게 되지. 왕건은 후삼국을 통일하기 위해 후백제와 수많은 싸움을 벌였고, 아들의 배신으로 후백제를 탈출한 견훤의 항복에 힘입어 후삼국 통일을 완성했어.

↓ 경기 개성 고려 태조 현릉

왕건

출생	877년
사망	943년
한 줄 요약	후삼국을 통일한 고려의 왕
연관 키워드	궁예 부하 고려 건국 견훤의 항복 신라의 항복

2주

주제

1일
궁예
후고구려를
세운 비운의
영웅

**학습
계획**
☐ 월 ☐ 일

**학습
확인**
⭐ ⭐ ⭐

2일
왕건
민족의
재통일을
이루다

**학습
계획**
☐ 월 ☐ 일

**학습
확인**
⭐ ⭐ ⭐

이번 주에 만날 인물 5명의 특징을
제목으로 먼저 살펴보자.

3 일

광종
고려의 왕권은 나한테 맡겨라!

☐ 월 ☐ 일

☆ ☆ ☆

4 일

서희
한국 역사상 최고의 외교 담판

☐ 월 ☐ 일

☆ ☆ ☆

5 일

강감찬
귀주 대첩의 신화를 이룩하다

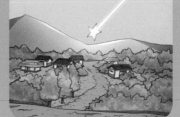

☐ 월 ☐ 일

☆ ☆ ☆

06

후고구려를 세운 비운의 영웅
궁예

설쌤 강의 보기

896년	901년	918년
왕건이 궁예 세력에 합류	후고구려 건국	궁예 사망

어휘 미리보기

출생
사람이 태어남.

위기감
위험한 상황에 놓여 있거나 위험이 닥쳐오고 있다는 생각이나 느낌.

시력
물체를 볼 수 있는 눈의 능력.

최후
삶의 마지막 순간.

난폭
행동이 몹시 거칠고 사나움.

포악
성격이나 행동이 사납고 악함.

어휘 사용하기

평강아!
어제 책을 읽다가 알게 된 내용이
있는데 정말 재미있었어.

그래?
어떤 내용이었어?

사람이 **위기감**을 느끼면 **난폭**해지거나
포악한 행동을 할 수 있대.

정말? 그래서 그런가?

역사 속 인물들도 **최후**의 순간에 그런
모습을 많이 보이는 것 같아.

후고구려를 세운 궁예는 어렸을 때 한쪽 눈을 잃었어.
그 이유는 궁예의 출생과 관련 있다고 해!

궁예의 탄생 궁예는 신라의 왕족이었어. 궁예가 태어났을 때 집 지붕 위로 큰 무지개가 떴다고 해. 궁예의 특별한 출생에 위기감을 느낀 왕은 자신의 힘이 약해질까 봐 걱정됐어. 그래서 궁예를 죽이라는 명령을 했지. 명령을 받은 신하는 궁예를 높은 곳에서 던져 버렸어.

하지만 유모가 궁예를 구하기 위해 아래에 몰래 숨어 있다가 떨어지는 궁예를 받았지. 그런데 그만 실수로 궁예의 한쪽 눈을 찌르고 말았어. 눈을 찔린 궁예는 **시력**을 잃었고 평생 한쪽 눈이 안 보이는 채로 살게 되었지.

후고구려 건국 시간이 흘러 궁예가 자라자 유모는 궁예에게 출생에 대한 이야기를 들려주었어. 이 사실을 알고 충격을 받은 궁예는 스님이 되어 절에 들어갔지. 하지만 신라가 여전히 어지럽고 힘든 상황에 놓여 있자, 궁예는 절에서 나와 무리를 이끌고 힘을 키우기 시작했어.

왕건을 비롯해 수많은 사람들을 이끌게 된 궁예는 새로운 나라를 세우고 왕이 되었어. 그게 바로 후고구려야. 고구려의 뒤를 잇는 나라라는 뜻이지. 이렇게 후고구려, 후백제 그리고 신라가 존재하는 후삼국 시대가 열렸어.

궁예의 최후 하지만 안타깝게도 궁예의 **최후**는 비참했어. 그는 자신을 스스로 부처라고 주장하면서 점점 **난폭**하게 굴며 **포악**해졌거든. 죄 없는 사람들을 계속 죽이고 심지어 자신의 부인과 아들마저 죽였지. 사람들은 두려움에 벌벌 떨 수밖에 없었어. 결국 왕건이 궁예를 쫓아내고 왕위를 차지했어. 궁예는 도망 다니며 숨어 살다가 백성들에게 죽임을 당하고 말았대.

로빈아! 설쌤과 함께 읽어 본 궁예 이야기 재밌었지?
제대로 읽고 이해했는지 **문제**를 통해 같이 **확인**해 보자!

왈왈!

❶ **다음 빈칸에 알맞은 낱말에 ○표 하세요.**

어휘력

(1) 궁예가 태어난 날 집 지붕에는 커다란 무지개가 떴습니다. 이처럼 궁예의 (출생 / 최후)에는 신비한 일이 있었습니다.

(2) 궁예는 한쪽 눈을 찔려 (시력 / 위기감)을 잃은 채로 살게 되었습니다.

(3) 궁예는 점점 난폭하고 (인자 / 포악)해졌습니다.

❷ **다음 중 이야기의 내용과 일치하지 <u>않는</u> 것은 무엇인가요?** ( )

내용
이해

① 궁예는 자신을 부처라고 주장하면서 점점 난폭해졌습니다.

② 궁예는 신라의 왕족으로 태어났습니다.

③ 궁예는 백제의 뒤를 이어 후백제를 세웠습니다.

④ 궁예는 왕건에 의해 왕위에서 쫓겨났습니다.

⑤ 궁예는 자신을 구하려던 유모의 손에 눈이 찔려 한쪽 시력을 잃었습니다.

❸ **다음 글의 내용을 알맞게 말한 친구의 이름을 쓰세요.**

사고력

궁예는 왕권이 강한 나라를 만들고 싶어 했어요. 하지만 당시에는 호족들의 힘이 세서 궁예가 왕권을 강화하기 어려웠어요. 결국 궁예는 권력이 강한 호족의 딸이었던 자신의 아내와 자식들까지 죽이며 호족들의 권력을 꺾으려 했어요. 또한 '관심법'을 내세우며 자신에게 방해가 되는 사람들을 모두 죽여 버렸지요. 이렇게 점점 난폭해지자 사람들은 궁예로부터 등을 돌렸어요.

연수: 궁예는 호족들의 힘을 키워 주고 싶어 했어.

재현: 궁예는 힘이 없는 호족의 딸이었던 자신의 아내를 죽였어.

나래: 궁예가 난폭한 행동을 했던 이유는 왕권을 강화하고 싶었기 때문이야.

( )

로빈아! 이제 **구조도의 빈칸만** 채우면
궁예 이야기는 확실히 알고 넘어가는 거야! 할 수 있지?

왈왈!

4 다음 보기 중 구조도의 빈칸에 들어갈 알맞은 어휘를 고르세요.

요약
정리

보기   궁예   왕건   스님   후고구려

신라에서
□□(이)가 태어남.

↓

신라 왕이 궁예를
제거하려고 함.

탈출

절에서 □□(으)로
살다가 출생의
이야기를 들음.

⇨

□□□□
건국

↑

□□에게
쫓겨남.

한쪽 눈을 잃음.

궁예

07 민족의 재통일을 이루다
왕건

877년
왕건 출생

918년
고려 건국

936년
후삼국 통일

설쌤 강의 보기

어휘 미리보기

존경

어떤 사람의 훌륭한 인격이나 행위를 높이고 받듦.

재촉

어떤 일을 빨리하도록 조름.

갑옷

옛날 군인들이 창, 칼, 화살 등으로부터 몸을 보호하기 위해 입던 옷.

설득

상대방이 그 말을 따르거나 이해하도록 잘 설명하거나 타이름.

행운

좋은 운수. 또는 행복한 운수.

의지

다른 것에 마음을 기대어 도움을 받음. 또는 그렇게 하는 대상.

어휘 사용하기

 평강아, 우리 부모님이 존경스럽다는 생각이 들었어!

왜?
무슨 일 있었어?

 부모님은 아침에 항상 일찍 일어나셔.
정말 부지런하신 것 같아.
나는 아침마다 알람에 의지하고 부모님이
재촉해도 일어나기 힘들던데…….

온달아, 너도 굳게 마음 먹으면 일찍 일어날
수 있을 거야.
부모님께도 도와 달라고 말씀드려 봐.

 음, 듣고 보니 설득력 있는 말이네.
내일부터 정말 노력해 봐야겠어.

왕건은 궁예를 몰아내고 왕위에 올랐어. 그리고 고려를 세우고 후삼국 통일까지 이루었지! 이 모든 일들은 어떻게 가능했던 걸까?

궁예와 왕건 왕건은 원래 궁예의 부하였어. 궁예가 후고구려를 세우는 데 큰 도움이 되기도 했지. 궁예가 점점 잘못된 행동을 일삼고 난폭해지는 반면, 왕건은 많은 이들의 존경을 받았어. 궁예의 난폭함을 더 이상 두고 볼 수 없었던 신하들은 궁예가 아닌 왕건에게 마음이 기울었지.

고려 건국 어느 날 신하들이 왕건의 집으로 찾아와 말했어.

"지금의 왕을 몰아내고 새로운 왕을 세워야 합니다. 부디 왕이 되어 주십시오!"

신하들의 간절한 부탁과 재촉에 마음이 흔들렸지만 왕건은 차마 쉽게 대답할 수 없었어. 그러자 왕건의 부인이 갑옷을 가져오며 왕건을 설득했지. 부인도 신하들과 같은 마음이었거든.

결국 모두의 뜻을 받아들인 왕건은 부인이 준 갑옷을 입고 궁궐로 쳐들어갔어. 그리고 자신을 따르는 신하들과 함께 궁예를 몰아냈지. 이렇게 왕위에 오른 왕건은 새로운 나라 '고려'를 세웠어.

후삼국 통일 고려의 왕이 된 왕건은 후백제와 여러 차례 전투를 벌였어. 후백제를 상대로 크게 이기기도 하고 지기도 했었지. 그러던 어느 날, 마치 하늘이 도운 것처럼 왕건에게 행운이 찾아왔어. 후백제의 견훤이 왕건에게 항복하며 고려의 신하가 되었거든. 힘이 약해질 대로 약해져 왕건에게 의지하고 있었던 신라도 왕건에게 스스로 항복해 왔어. 왕건은 전쟁도 치르지 않고 신라를 차지하게  된 거야. 이후 왕건은 후백제를 멸망시키고 후삼국 통일을 이루게 되었어.

로빈아! 설쌤과 함께 읽어 본 왕건 이야기 재밌었지?
제대로 읽고 이해했는지 문제를 통해 같이 확인해 보자!

왈왈!

① 다음 낱말에 알맞은 뜻풀이를 선으로 이으세요.

어휘력

(1) 존경 •   • ㉠ 상대방이 그 말을 따르거나 이해하도록 잘 설명하거나 타이름.

(2) 설득 •   • ㉡ 어떤 사람의 훌륭한 인격이나 행위를 높이고 받듦.

(3) 의지 •   • ㉢ 다른 것에 마음을 기대어 도움을 받음. 또는 그렇게 하는 대상.

② 왕건에 대한 설명으로 알맞은 것을 보기에서 골라 기호를 쓰세요.

내용
이해

> 보기 ㉠ 왕건은 궁예를 몰아내지 못했습니다.
>
> ㉡ 왕건은 처음부터 궁예의 적이었습니다.
>
> ㉢ 왕건은 새로운 나라를 세우고 이름을 '고려'라고 했습니다.

(   )

③ 다음 글을 읽고 빈칸에 들어갈 알맞은 낱말을 쓰세요.

사고력

왕건은 후삼국을 통일하는 업적을 이루었어요. 또한 왕건은 신하들이 지켜야 할
도리를 담은 「정계」, 「계백료서」 같은 글을 지었지요. 그리고 이후 왕들이 나라를 다
스리는 데에 필요한 내용을 담은 「훈요10조」를 발표했어요. 왕건은 고구려의 옛 영
토를 되찾기 위해 북진 정책을 펼치기도 했지요. 발해의 유민들도 받아들였답니다.

〈왕건의 업적〉

– 후삼국을 통일하였음.

– (1) ▢▢들이 지켜야 할 도리를 담은 「정계」, 「계백료서」와 같은 글을 지음.

– 이후 (2) ▢이/가 나라를 다스리는 데 필요한 내용을 담은 「훈요10조」를 발표함.

– (3) ▢▢▢의 옛 영토를 되찾기 위한 북진 정책을 펼침.

– 발해의 유민들을 받아들임.

왈왈!

로빈아! 이제 **구조도의 빈칸**만 채우면
왕건 이야기는 확실히 알고 넘어가는 거야! 할 수 있지?

4 다음 보기 중 구조도의 빈칸에 들어갈 알맞은 어휘를 고르세요.

요약
정리

보기   왕건   고려   후삼국

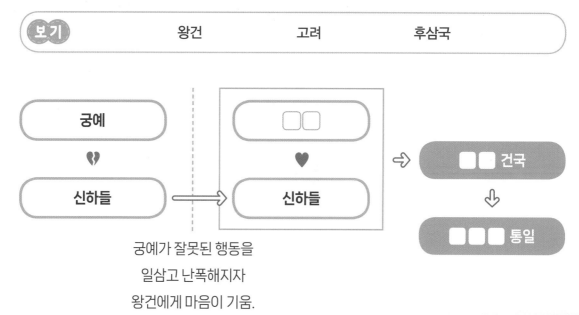

궁예

💔

신하들

⬜⬜

♥

신하들

➡ ⬜⬜건국

⬇

⬜⬜⬜통일

궁예가 잘못된 행동을
일삼고 난폭해지자
왕건에게 마음이 기움.

08

고려의 왕권은 나한테 맡겨라!
광종

설쌤 강의 보기

936년	949년	956년	958년
고려 후삼국 통일	광종 즉위	노비안검법 실시	과거제 실시

어휘 미리보기

반 역
통치자에게서 나라를 다스리는 권한을 빼앗으려고 함.

시 행
실제로 행함. 또는 법령을 공포한 뒤에 그 효력을 실제로 발생시키는 일.

양 인
일반 평민.

해 방
구속이나 억압, 부담 따위에서 벗어나게 함.

선 발
많은 가운데서 골라 뽑음.

기 틀
어떤 일의 가장 중요한 계기나 조건.

어휘 사용하기

평강아! 축하해!
서울시에서 시행하는 과학 경시대회에
나갈 학교 대표로 선발되었다면서?

고마워! 온달아.
그런데 학교 대표라고 하니
부담이 되기도 해.

에이, 잘할 거면서!
너무 부담 갖지 말고 최선을 다하면 돼.

네 꿈이 과학자잖아.
과학자가 되는 기틀을 닦는다고 생각해.

응, 그래도 하루빨리 대회가 끝나야
해방감을 느낄 수 있을 것 같아!

광종은 왕권을 **강화**하기 위해 여러 노력을 했어. 그 결과,
호족들에게는 나쁜 왕이었지만 백성들에게는 좋은 왕이었지.

광종의 결심 왕건에게는 스무 명이 넘는 아들들이 있었어. 왕건이 죽자 왕건의 아들들은 왕이 되기 위해 다툼을 벌였지. 아들들이 순서대로 왕건의 뒤를 이어 두 번째, 세 번째 왕이 되었지만 왕위를 오래 유지하지 못했고 왕권은 아주 약해졌지.

이런 혼란스러운 상황 속에서 고려의 네 번째 왕이 된 광종은 혹시라도 **반역**이 일어날까 봐 불안했어. 그래서 광종은 왕권을 강화하는 게 우선이라 생각하고 지방 세력인 호족들의 힘을 약화시키고자 했지.

노비안검법 광종은 왕권을 강화하기 위해 '노비안검법'이라는 새로운 정책을 **시행**했어. 노비안검법은 억울하게 노비가 된 사람들을 **양인** 신분으로 되돌려 주는 법이야. 전쟁에 져서 포로로 잡히거나 빌린 돈을 갚지 못해서 강제로 노비가 된 사람들이 많았거든. 광종은 이런 사람들을 노비 신분에서 벗어날 수 있도록 **해방**시켜 주었어. 노비안검법으로 인해 노비의 수가 줄어들면서 호족들이 거느리는 노비의 수도 줄어들었지. 결국 호족들의 경제력은 약해질 수밖에 없었어.

과거 제도 광종은 시험을 통해 관리를 **선발**하는 과거 제도도 시행했어. 시험에 합격한 능력 있는 사람만이 관리가 되기 때문에 아무리 호족이라고 해도 시험에 떨어지면 관리가 될 수 없지. 그리고 시험에 합격한 사람들은 왕에게 충성하며 나라의 인재로 성장할 수 있었어. 이렇게 호족들의 권력은 약해지고 왕권이 강화되며 나라는 안정되었지.

광종은 왕권을 강화함으로써 고려의 **기틀**을 마련한 왕이었어.

로빈아! 설쌤과 함께 읽어 본 광종 이야기 재밌었지?
제대로 읽고 이해했는지 문제를 통해 같이 **확인**해 보자!

왈왈!

 1
어휘력

다음 뜻풀이에 알맞은 낱말을 보기 에서 골라 쓰세요.

> **보기** 반역 해방 선발

(1) 구속이나 억압, 부담 따위에서 벗어나게 함. ( )
(2) 통치자에게서 나라를 다스리는 권한을 빼앗으려고 함. ( )
(3) 많은 가운데서 골라 뽑음. ( )

2
내용
이해

광종에 대한 설명으로 옳은 것은 O에 표시하고, 옳지 않은 것은 X에 표시하세요.

(1) 광종은 노비안검법을 시행했습니다. (O / X)
(2) 광종은 과거 제도를 시행했습니다. (O / X)
(3) 광종은 호족들의 세력을 강화했습니다. (O / X)

 3
사고력

광종이 '노비안검법'과 '과거 제도'를 시행한 가장 큰 까닭은 무엇인가요? ( )

> 광종은 호족의 힘을 약화시키고 왕권을 강화하기 위해 매우 노력했어요. 먼저 '광덕', '준풍' 같은 연호를 사용하였고, 스스로를 황제라고 칭했지요. 그리고 억울하게 노비가 된 사람들의 신분을 양인으로 되돌리는 노비안검법을 시행했어요. 이로 인해 호족들의 경제적, 군사적 세력이 약해졌지요. 또 광종은 시험에 통과한 사람만 관리로 선발하는 과거 제도를 처음으로 실시했어요. 과거 제도를 통해 유능한 인재들을 자기 사람으로 만들고 호족 세력을 약화했어요. 뿐만 아니라 광종은 여러 나라에 사신을 보내 고려의 위상을 높였고 북쪽 영토를 개척하려는 노력도 했답니다.

① 북쪽의 영토를 개척하기 위해서 ② 호족들의 힘을 키워 주기 위해서
③ 다른 나라에 사신들을 보내기 위해서 ④ 호족 세력만 관리로 선발하기 위해서
⑤ 호족의 힘을 약화시키고 왕권을 강화하기 위해서

왈왈!

로빈아! 이제 **구조도의 빈칸**만 채우면
광종 이야기는 확실히 알고 넘어가는 거야! 할 수 있지?

4 다음 보기 중 구조도의 빈칸에 들어갈 알맞은 어휘를 고르세요.

요약
정리

| 보기 | 광종 | 과거 | 노비안검법 |

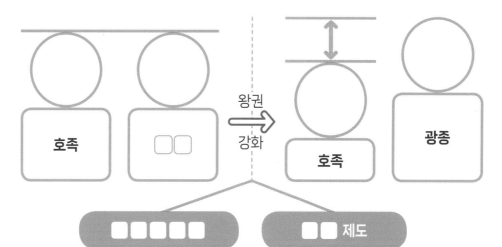

호족

왕권
강화

호족

광종

억울하게 노비가 된 자를
양인으로 되돌려 줌.

시험을 통해
관리를 선발

제도

노비안검법

09 한국 역사상 최고의 외교 담판 서희

960년
서희 과거 급제

993년
외교 담판으로 거란을 몰아냄
(거란의 1차 침입)

1010년
거란의 2차 침입

설쌤 강의 보기

어휘 미리보기

담 판
서로 맞선 관계에 있는 둘이 논의하여 옳고 그름을 따져 결론을 내림.

거 만
잘난 체하며 자기보다 남을 낮추어 봄.

계 승
조상의 전통이나 문화유산, 업적 따위를 물려받아 이어 나감.

국 경
나라와 나라의 영역을 가르는 경계.

반 박
어떤 의견이나 주장 등에 반대하여 말함.

인 정
어떤 것이 확실하다고 여기거나 받아들임.

어휘 사용하기

아휴, 답답해!
이따가 승제랑 담판을 지어야겠어!

왜?
무슨 일 있었어?

내 말이 맞는데 자꾸 승제가 인정하지 않고 내 말에 반박하잖아!

심지어 나보고 거만하대! 정말 화가 나.

정말? 속상했겠다.
그래도 다시 한번 둘이 잘 얘기해 봐.

서희의 담판으로 고려는 거란의 침입을 막아 내고,
심지어 고려의 영토까지 넓혔다고 해! 어떻게 한 걸까?

거란의 침입 어느 날 거란의 장수 소손녕이 대군을 이끌고 고려에 쳐들어왔어. 거란은 원래 송나라를 공격하려고 했어. 그런데 고려가 송나라와 가깝게 지내자 거란은 혹시라도 고려와 송나라가 힘을 합칠까 걱정되었던 거야. 거란은 고려와 송나라 사이를 갈라놓기 위해 고려에 쳐들어왔어.

거란이 쳐들어오자 신하들은 두려워하며 어쩔 줄 몰랐어. 몇몇 신하들은 북쪽 땅을 내어 주고 거란과 화해하자고 했지. 하지만 이때 서희의 생각은 달랐어. 거란에 맞서야 한다고 주장했지.

"제가 거란의 장수 소손녕과 담판을 짓겠습니다."

서희의 외교 담판 서희는 소손녕을 만나 담판을 벌였어. 소손녕은 거만한 태도로 말했지.

"고려가 차지하고 있는 북쪽 땅을 내놓으시오!"

하지만 서희는 전혀 기죽지 않고 대답했어.

"그 땅은 원래 고구려의 땅이었소. 그리고 우리 고려는 고구려를 계승한 나라요. 지금 오히려 거란이 우리 땅을 차지하고 있는 것이오."

그러자 소손녕은 또 다시 말했어.

"고려는 우리 거란과 국경을 맞대고 있으면서 어찌 거란이 아닌 바다 건너 송나라와 가깝게 지내는 것이오?"

"그것은 압록강 근처에서 여진이 길을 막고 있기 때문이오. 여진을 몰아내고 우리가 그 땅을 차지한다면 앞으로 우리 고려는 거란과 교류할 수 있을 것이오."

서희의 말은 반박할 부분이 없었지. 서희에게 설득당한 소손녕은 반박하지 못하고 압록강 동쪽 땅을 고려 땅이라고 인정한 채 거란으로 돌아갔어. 이후, 고려는 여진을 몰아내고 강동 6주라는 압록강 동쪽의 여섯 개 성을 차지하게 돼! 🙂

로빈아! 설쌤과 함께 읽어 본 서희 이야기 재밌었지?
제대로 읽고 이해했는지 **문제를 통해** 같이 **확인해 보자!**

왈왈!

1 다음 낱말에 알맞은 뜻풀이를 선으로 이으세요.

어휘력

(1) 거만 •　　　　　 • ㉠ 어떤 의견이나 주장 등에 반대하여 말함.

(2) 반박 •　　　　　 • ㉡ 잘난 체하며 자기보다 남을 낮추어 봄.

(3) 계승 •　　　　　 • ㉢ 조상의 전통이나 문화유산, 업적 따위를 물려받아 이어 나감.

2 이야기의 내용을 알맞게 말한 친구의 이름을 쓰세요.

내용
이해

> 민정: 소손녕의 기세에 서희의 기가 죽고 말았어.
>
> 우진: 서희 덕분에 고려는 여진을 몰아내고 강동 6주를 얻을 수 있었어.

(　　　　　　　　　　)

3 다음 글을 읽고 빈칸에 들어갈 알맞은 말을 보기 에서 골라 기호를 쓰세요.

사고력

> 　거란의 군대가 고려를 쳐들어왔어요. 고려 신하들은 대부분 항복하자고 했지요.
> 하지만 서희는 반대했어요. 거란의 장수 소손녕과 만난 서희는 이렇게 말했어요.
> 　"지금은 여진이 압록강 근처를 점령하고 있기 때문에 거란과 교류하지 못하는 것
> 입니다. 여진을 내쫓고 우리의 옛 영토를 되찾는다면 거란과 교류할 수 있습니다."
> 　이 말을 들은 소손녕은 이에 동의하며 군대를 철수했어요.

> 서희가 했을 생각: 저는 거란의 군대에 항복하지 않겠습니다. 그 이유는 거란이 진짜
> 원하는 것은 (　　　　　　　　　　)이기 때문입니다.

보기　㉠ 전쟁　　　　　㉡ 고려의 땅　　　　　㉢ 고려와의 관계 수립

(　　　　　　　　　　)

왈왈!

로빈아! 이제 **구조도의 빈칸**만 채우면
서희 이야기는 확실히 알고 넘어가는 거야! 할 수 있지?

4

요약
정리

다음 보기 중 구조도의 빈칸에 들어갈 알맞은 어휘를 고르세요.

보기 　　　 여진 　　　 서희 　　　 고구려 　　　 강동 6주

고려가 차지한
북쪽 땅을 내놓으시오!

왜 거란이 아닌
송나라와 친하게
지내는가?

소손녕 vs ▢▢

우린 ▢▢▢를
계승한 나라요!
오히려 거란이
우리 땅을 차지하고
있는 것이오!

▢▢이 길을 막고
있어 거란과 교류할
수 없었소!

▢▢ ▢▢ 획득

고려　　　거란

10 귀주 대첩의 신화를 이룩한
강감찬

948년
강감찬 출생

1019년
귀주 대첩
(거란의 3차 침입)

1031년
강감찬 사망

설쌤 강의 보기

어휘 미리보기

동상

사람이나 동물의 형상으로 만든 기념물.

체격

근육과 뼈 등으로 나타나는 몸 전체의 겉모습.

용맹

용감하고 움직임이 빠르며 기운참.

연결

둘 이상의 사물이나 현상 등이 서로 이어지거나 관계를 맺음.

대첩

크게 이김. 또는 큰 승리.

함부로

조심하거나 깊이 생각하지 않고 하고 싶은 대로.

어휘 사용하기

평강아!
저기 이순신 장군의 **동상** 봐!
이순신 장군의 용맹함이 전해지는 것 같아!

정말 크고, 멋진데?

이순신 장군의 생전 **체격**도 저 동상처럼 컸을까?

그러게. 궁금하다!
동상이라도 한번 만져 봐야겠다!

온달아!
지난 번 첨성대 때처럼
함부로 올라가면 안 돼!

강감찬이 거란을 크게 물리친 후 거란은 더 이상 고려를
침략하지 못했다고 해. **강감찬은 어떻게 거란을 물리쳤을까?**

강감찬의 탄생 강감찬이 태어나던 날, 강감찬의 집 위로 하늘에서 큰 별이 떨어졌대. 그래서 강감찬이 태어난 곳을 별이 떨어진 곳이라 하여 '낙성대'라고 부르게 되었어. 지금 낙성대 공원에는 강감찬 장군의 **동상**이 세워져 있어. 강감찬은 **체격**은 작았지만 아주 지혜롭고 **용맹**한 고려의 장군 이었어.

강감찬의 지혜 서희의 활약으로 고려는 거란을 돌려보내고 강동 6주를 얻었지만, 거란은 이때의 일을 뒤늦게 후회하고 있었어. 그래서 거란의 소배압 장군이 10만 군대를 이 끌고 또 다시 고려에 쳐들어왔지. 이때 거란을 막은 고려의 장군이 바로 강감찬이야. 이 때 강감찬의 나이는 70세였지.

강감찬이 이끄는 군사들은 흥화진 앞 강에 모였어. 그리고 군사들에게 소가죽을 **연결** 해서 강물을 막고, 눈에 띄지 않게 숨어 있으라고 명령했지. 거란군이 도착하자 강감찬 은 큰 소리로 외쳤어.

"바로 지금이다! 막아 둔 강물을 터뜨려라!"

갑작스레 쏟아진 강물에 거란군은 어쩔 줄 모르고 당황했어. 이때를 틈타 강감찬은 더 욱더 거세게 공격을 퍼부었지. 고려군은 흥화진 전투에서 크게 승리했어.

귀주 대첩 시간이 지날수록 거란군의 기세는 떨어졌어. 결국 물러나기로 결심한 거란군 은 군사를 되돌려 귀주 지역을 지나고 있었지. 그때 바람이 거란군을 향하자, 강감찬은 군 사들에게 화살을 쏘도록 명령했어. 바람을 타고 날아간 화살은 거란군을 향해 끊임없이 쏟아졌지. 거란의 10만 군대 중 살아서 돌아간 사람은 겨우 수천 명밖에 되지 않았대. 이 렇게 강감찬이 귀주에서 거란을 크게 물리친 전투를 '귀주 대첩'이라고 해. 이후 거란은 더 이상 고려에 함부로 쳐들어오지 못했어.

왈왈!

로빈아! 설쌤과 함께 읽어 본 강감찬 이야기 재밌었지?
제대로 읽고 이해했는지 문제를 통해 같이 확인해 보자!

1 다음 빈칸에 들어갈 알맞은 낱말을 보기 에서 골라 쓰세요.

어휘력

> 보기　　　　체격　　　　　　　연결　　　　　　　용맹

(1) 강감찬은 ☐☐은 작았지만 아주 지혜로웠습니다.

(2) 강감찬은 ☐☐한 고려의 장군이었습니다.

(3) 강감찬은 군사들에게 소가죽을 ☐☐해서 강물을 막으라고 명령했습니다.

2 이야기의 내용과 일치하는 것은 O에 표시하고, 일치하지 <u>않는</u> 것은 X에 표시하세요.

내용
이해

(1) 강감찬은 물러나는 거란군을 보내 주었습니다. (O / X)

(2) 강감찬은 귀주에서 거란군을 크게 물리쳤습니다. (O / X)

(3) 거란의 소배압 장군이 10만 군대를 이끌고 고려를 쳐들어왔습니다. (O / X)

3 다음 글을 읽고 표의 빈칸에 들어갈 알맞은 낱말을 쓰세요.

사고력

> 거란의 첫 번째 침입 때, 서희의 담판으로 거란군은 물러가고 고려는 강동 6주를 얻었습니다. 이후 거란은 두 번째로 고려를 쳐들어왔어요. 이때 거란은 고려에 큰 피해를 입히고 다시 강동 6주를 내놓으라고 했지요. 하지만 고려는 약속을 지키지 않았어요. 결국 거란은 세 번째로 고려를 쳐들어왔어요. 강감찬은 소가죽으로 강물을 막았다가 터뜨려 거란군을 물리치고, 돌아가는 거란군에게 화살을 퍼부어 귀주에서 큰 승리를 거두었습니다. 귀주 대첩 이후 거란과 고려는 평화 관계를 유지했답니다.

거란의 침입	결과
첫 번째 침입	( )의 담판으로 고려는 강동 6주를 얻음.
두 번째 침입	고려는 큰 피해를 입고, 강동 6주를 다시 내놓을 것을 요구받음.
세 번째 침입	( ) 장군의 활약으로 고려는 크게 승리함.

왈왈!

로빈아! 이제 **구조도의 빈칸**만 채우면
강감찬 이야기는 확실히 알고 넘어가는 거야! 할 수 있지?

4

요약
정리

다음 **보기** 중 구조도의 빈칸에 들어갈 알맞은 어휘를 고르세요.

보기　　　귀주　　　강감찬　　　흥화진

☐☐☐ 전투　　　　　　　　　☐☐ 대첩

소가죽

막아둔
강물을
터뜨려라!

바람이 거란군을
향해 분다!
활을 쏴라!

거란군
패배

☐☐☐

거란군
패배

고려

"외적을 물리치기 위해 온 몸을 던져 싸운 두 인물"

서희는 거란의 제1차 침입 때 고려 측 대표로서 논리적인 말로 거란의 장수 소손녕을 꺾고 영토를 얻었어. 대군을 동원하지 않고 적을 물리친 대표적인 사례로 기록되었지. 서희의 이러한 외교 담판으로 고려는 압록강까지 국경을 넓힐 수 있게 되었고, 새로 확보한 지역에 6개의 성을 쌓아 다음에 이어질 거란의 침입에 대비할 수 있었단다.

서희

출생	943년
사망	998년
한 줄 요약	외교로서 영토를 얻어 낸 관리
연관 키워드	거란의 제1차 침입 고려 성종 때 관리 뛰어난 정치인 소손녕과의 담판

서희 와 강감찬

강감찬은 거란의 제3차 침입이 일어나자 70세의 나이에도 불구하고 전쟁터에 나섰어. 강감찬은 이 전쟁에서 거란군에게 엄청난 피해를 입혀 거란이 다시는 전쟁을 일으키지 못하게 하려 했어. 그래서 그는 지혜를 써서 거란군이 지나가는 곳곳에서 매복을 하며 기습을 펼쳤고, 나중에는 지친 적들이 후퇴할 때 공격해서 크게 승리했어.

강감찬

출생	948년
사망	1031년
한 줄 요약	거란의 침입을 끝낸 지휘관
연관 키워드	거란의 제3차 침입 낙성대 귀주 대첩 흥화진 전투

3주

주제

1일
최충
고려 시대
사교육의
중심 인물

2일
윤관
고려만의
특수부대를
만들다

**학습
계획**

☐ 월 ☐ 일

☐ 월 ☐ 일

**학습
확인**

☆ ☆ ☆

☆ ☆ ☆

이번 주에 만날 인물 5명의 특징을
제목으로 먼저 살펴보자.

3일

의천
불교 통합을
외친 왕자
출신의 승려

☐월 ☐일

☆ ☆ ☆

4일

김부식
우리의 역사를
모으다

☐월 ☐일

☆ ☆ ☆

5일

일연
삼국유사의
탄생

☐월 ☐일

☆ ☆ ☆

11

고려 시대 사교육의 중심 인물
최충

1005년
최충 과거 급제

1055년
9재 학당 설립 시작

1068년
최충 사망

어휘 미리보기

문 장 력
글을 짓는 능력.

학 문
어떤 분야를 체계적으로 배워서 익힘. 또는 그런 지식.

은 퇴
하던 일에서 물러나거나 사회 활동을 그만두고 한가히 지냄.

공 립
공공의 이익을 위하여 나라의 예산으로 세우고 관리함. 또는 그런 시설.

소 홀
중요하게 생각하지 않아 주의나 정성이 부족함.

사 립
개인이 자신의 자금으로 공익의 사업 기관을 설립하여 유지함.

최충은 고려 최초의 사립 학교 교장이었다고 해.
고려에서 가장 먼저 사립 학교를 세운 거야.

최충의 활동 최충은 어릴 때부터 문장력이 뛰어나고 학문에도 관심이 많았어. 스무 살이 갓 넘었을 때 과거 시험에 1등으로 합격할 정도였지. 과거에 합격한 후로 최충은 오랫동안 고려의 관리로 일하며 왕을 네 명이나 모셨어.

관리로 있는 동안 최충은 고려의 중요한 역사서를 쓰기도 하고, 법을 새롭게 정비하기도 하는 등 많은 역할을 했어. 이후 나이가 든 최충이 은퇴하려고 하자 왕은 말리면서 더 높은 벼슬을 주기도 했지.

최충의 결심 70세가 된 최충은 왕의 반대에도 불구하고 은퇴를 실행에 옮겼어.

최충은 한 가지 결심을 한 것이 있었어. 그건 바로 자신이 직접 제자들을 가르치는 거였지. 왜냐하면 거란과의 전쟁 후, 고려의 공립 학교들은 제대로 된 교육을 하지 못해 교육에 소홀해지고 말았거든. 이러한 상황을 늘 안타깝게 여기던 최충은 은퇴 후 자신의 집에 공부방을 열고 제자들을 가르쳤어.

9재 학당 소식을 들은 전국의 수많은 사람들이 최충의 집으로 몰려들기 시작했어. 결국 최충은 더 많은 제자들을 받아들이기 위해 '9재 학당'이라는 사립 학교를 세웠어. 9재 학당은 9개의 공부방이라는 뜻이야.

이후 9재 학당은 고려에서 아주 큰 인기를 얻었어. 9재 학당 출신의 많은 제자들이 과거 시험에 합격해서 벼슬길에 올랐거든. 덕분에 '과거 시험에 합격하려면 9재 학당에 들어가야 한다.'라는 말이 있을 정도로 9재 학당은 더욱 유명해졌어. 최충으로 인해 고려의 교육은 발전할 수 있었지.

로빈아! 설쌤과 함께 읽어 본 최충 이야기 재밌었지?
제대로 읽고 이해했는지 문제를 통해 같이 확인해 보자!

왈왈!

 1
어휘력

다음 낱말에 알맞은 뜻풀이를 보기에서 골라 쓰세요.

> **보기**
> ㉠ 중요하게 생각하지 않아 주의나 정성이 부족함.
> ㉡ 하던 일에서 물러나거나 사회 활동을 그만두고 한가히 지냄.
> ㉢ 개인이 자신의 자금으로 공익의 사업 기관을 설립하여 유지함.

(1) 사립 (   )   (2) 은퇴 (   )   (3) 소홀 (   )

 2
내용
이해

다음은 온달이가 최충에 대해 정리한 내용입니다. 알맞지 않은 것의 기호를 쓰세요.

> 최충은 학문이 매우 뛰어났다. ㉠ 관리로 있는 동안 역사서를 쓰고 법을 새로 정비했다. ㉡ 70세가 되어 은퇴한 최충은 자신의 집에 공부방을 열어 제자들을 가르쳤다. ㉢ 소식을 듣고 많은 이들이 최충을 찾아오자, 최충은 '9재 학당'이라는 사립 학교를 세웠다. ㉣ 9재 학당의 제자들은 벼슬길에 오르지 못했지만, 최충의 인기로 9재 학당은 더욱더 유명해졌다.

(   )

 3
사고력

다음 글을 읽고 빈칸에 들어갈 알맞은 낱말을 쓰세요.

> 오랫동안 고려의 관리로 일했던 최충은 70세가 되어 은퇴했어요. 최충은 9재 학당이라는 사립 학교를 세워 유교, 역사 등을 가르쳤지요. '과거 시험에 합격하려면 9재 학당에 들어가야 한다.'라는 말이 있을 정도로 인기가 많았어요. 이를 본 다른 학자들도 사립 학교를 세웠는데 이를 사학 12도라고 하지요. 이렇게 고려 사회의 교육이 발전했답니다.

→ 최충은 (   )(이)라는 사립 학교를 세웠고, 여기에 영향을 받은 다른 학자들도 (   )을/를 세웠습니다.

로빈아! 이제 **구조도의 빈칸**만 채우면
최충 이야기는 확실히 알고 넘어가는 거야! 할 수 있지?

왈왈!

4 다음 보기 중 구조도의 빈칸에 들어갈 알맞은 어휘를 고르세요.

요약
정리

| 보기 | 9재 | 사립 | 최충 |

```
┌─────────────┐                  ┌─────────────┐
│  관직 생활   │                  │  은퇴 이후   │
└─────────────┘                  └─────────────┘
  • 역사서 서술          ┌──────┐      □□ 학교
  • 법 정비            │ □ □  │      □□ 학당 설립
                      └──────┘
```

12

고려만의 특수부대를 만든
윤관

1087년
초조대장경 완성

1104년
별무반 조직

1107년
여진 정벌

설쌤 강의 보기

어휘 미리보기

조 공
종속국이 종주국에 때를 맞추어 예물을 바치던 일. 또는 그 예물.

정 벌
적이나 나쁜 무리를 무력으로써 침.

조 직
어떤 목표를 이루기 위해 여럿이 모여 체계 있는 집단을 이룸.

기 병
말을 타고 싸우는 병사.

보 병
걸어서 이동하며 총, 칼, 창, 활 등으로 적을 공격하는 병사.

훈 련
기본자세나 동작 따위를 되풀이하여 익힘.

어휘 사용하기

평강아!
내일 경복궁에서 조선 시대 군사 **조직**이 훈련받았던 모습을 재현한대!

정말? 멋있겠다!
나는 **기병**들이 어떻게 **훈련**했을지 궁금해.

나는 **보병**들이 무기를 어떻게 다루는지 보고 싶어!

그럼 내일 우리 같이 구경 갈까?

응! 너무 좋지!

윤관은 여진족을 물리치기 위해 새로운 군대인 **별무반**을 조직했어.
윤관이 이끄는 별무반은 어떤 활약을 펼쳤을까?

여진족의 성장 고려의 북쪽 국경 너머에는 여진족이 살고 있었어. 여진족은 원래 고려에 **조공**을 바치던 민족이었는데 어느 순간 점점 힘이 커지기 시작하더니 고려를 위협할 정도로 강해졌지. 고려의 백성들을 괴롭히고 물건도 **빼앗으면서** 말이야. 고려의 왕은 여진족을 물리치기 위해 여러 차례 군사를 보냈지만 안타깝게도 고려군은 여진족을 이길 수가 없었어.

별무반 조직 결국 왕은 윤관에게 군사를 주고 여진족을 **정벌**하도록 명령했어. 하지만 윤관 역시 여진족에게 지고 말았지. 윤관은 여진족에게 진 이유를 왕에게 설명했어.

　"여진족은 말을 타며 싸우지만 우리 고려군은 무기를 들고 뛰어다니며 싸우니 도무지 이길 방법이 없습니다!"
　"그럼 어떻게 해야 좋겠소?"
　"여진족을 물리치기 위해서는 새로운 군대를 조직해야 합니다."
　왕은 윤관의 건의를 받아들이고 새로운 군대를 조직하도록 했어. 이렇게 조직된 군대가 바로 별무반이야.

동북 9성 별무반은 '신기군', '신보군', '항마군'으로 구성되었어. 신기군은 **기병**, 신보군은 **보병**, 항마군은 승려들로 이루어졌지. 별무반에서는 승려, 상인, 노비 등 다양한 사람들이 모여 **훈련**받았어. 고된 훈련 끝에 윤관은 별무반을 이끌고 다시 여진족 정벌에 나섰지.

　고된 훈련의 결과였을까? 지기만 했던 예전의 고려군이 아니었어. 윤관과 별무반은 큰 승리를 거두며 여진족을 몰아냈지. 그리고 승리의 결과로 여진족이 살던 동북 지역에 9개의 성을 쌓았어. 이 9개의 성들을 동북 9성이라고 해.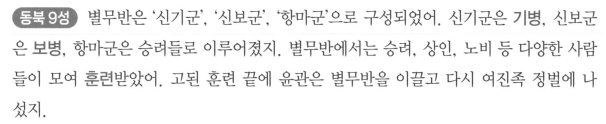

로빈아! 설쌤과 함께 읽어 본 윤관 이야기 재밌었지?
제대로 읽고 이해했는지 문제를 통해 같이 **확인**해 보자!

왈왈!

1 다음 낱말과 뜻풀이가 바르게 짝 지어진 것은 O에 표시하고, 그렇지 <u>않은</u> 것은 X에 표시하세요.

어휘력

(1) 정벌 – 적이나 나쁜 무리를 무력으로써 침.　　　　　　　　　　(O / X)

(2) 훈련 – 기본자세나 동작 따위를 되풀이하여 익힘.　　　　　　　(O / X)

(3) 기병 – 걸어서 이동하며 총, 칼, 창, 활 등으로 적을 공격하는 병사.　(O / X)

2 이야기에서 일이 일어난 순서대로 [보기]의 기호를 쓰세요.

내용
이해

[보기]
㉠ 윤관은 새로운 군대인 별무반을 조직했습니다.
㉡ 고려는 여진족을 몰아내고 동북 9성을 쌓았습니다.
㉢ 왕이 윤관에게 여진족을 정벌하라고 했지만, 윤관 역시 실패했습니다.
㉣ 원래 고려에 조공을 바치던 여진족이 점점 힘이 강해져 고려를 위협했습니다.

(　　　　) – (　　　　) – (　　　　) – (　　　　)

3 다음 글을 읽고 빈칸에 들어갈 알맞은 말을 두 가지 고르세요.　　　(　　 , 　　)

사고력

　별무반의 활약으로 고려는 여진족을 몰아내고 여진족이 살던 동북 지방 곳곳에 동북 9성을 쌓았어요. 하지만 얼마 후 여진족은 동북 9성을 되찾기 위해 반격했어요. 그리고 다시는 고려를 공격하지 않고 계속 조공을 바치겠다며 동북 9성을 돌려달라고 말했지요. 고민 끝에 고려는 동북 9성을 다시 여진족에게 돌려주었답니다.

　여진족은 (　　　　　　　　　　　　) 동북 9성을 돌려달라고 요구했습니다.

① 거란과 힘을 합칠테니　　　　　　　② 별무반의 군사력을 배울테니

③ 고려를 더 강하게 공격할테니　　　　④ 다시는 고려를 침범하지 않을테니

⑤ 고려에 계속해서 조공을 바칠테니

왈왈!

로빈아! 이제 **구조도의 빈칸**만 채우면
윤관 이야기는 확실히 알고 넘어가는 거야! 할 수 있지?

4 다음 보기 중 구조도의 빈칸에 들어갈 알맞은 어휘를 고르세요.

요약
정리

| 보기 | 동북 | 윤관 | 신기군 | 별무반 |

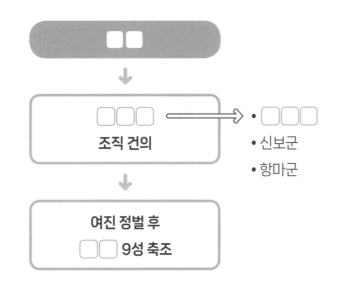

□□
↓
□□□ ──→ • □□□
조직 건의 • 신보군
• 항마군
↓
여진 정벌 후
□□ 9성 축조

13

불교 통합을 외친 왕자 출신의 승려
의천

1055년
의천 출생

1097년
천태종 개창

1101년
의천 사망

어휘 미리보기

번성
세력이 커져서 널리 퍼짐.

명예
세상에서 훌륭하다고 인정되는 이름이나 자랑.

종파
같은 종교의 갈린 갈래.

통합
여러 개의 기구나 조직 등을 하나로 합침.

방식
일정한 방법이나 형식.

추구
목적을 이루기 위해 계속 따르며 구함.

어휘 사용하기

평강아! 나 이번에
전교 회장 선거에 나가려고.

정말?
선거 운동은 어떤 **방식**으로 할 거야?

원래는 전교 회장 후보들이 따로따로 선거 운동을 했었잖아? 그러다 보니 서로 사이가 안 좋아지는 것 같더라고.

이번에는 모든 후보의 선거단을 통합해서 같이 선거 운동을 하려고 해! 난 평화로운 선거 운동을 추구하거든.

좋은 생각이야!
전교 회장이 되면 정말 **명예**로울 것 같아!

고려의 왕자이자 승려였던 **의천** 덕분에 고려의 불교는 크게 발전할 수 있었어. **의천**은 고려의 불교를 위해 어떤 일을 했을까?

승려가 된 왕자 의천은 고려 문종의 넷째 아들로 태어났어. 의천이 11살이 되었을 때 문종이 아들들을 불러 놓고 물었어.

"너희들 중에 누가 승려가 되어 왕실에 복을 가져오겠느냐?"

"제가 승려가 되겠습니다."

불교에 관심을 가지고 있던 의천은 승려가 되겠다고 나섰어. 이때 고려에서는 불교가 한창 **번성**할 때였어. 승려가 되는 것을 **명예**롭게 여겨 왕과 귀족의 아들들도 승려가 되곤 했지.

송나라 유학 의천은 불교를 비롯해서 여러 학문을 열심히 공부했지만 여전히 자신의 배움이 부족하다고 느꼈어. 그래서 불교를 더 깊이 공부하기 위해 송나라에 유학하기로 결심했지. 그런데 신하들은 물론이고 가족들도 모두 반대했어. 한 나라의 왕자가 외국에 유학하는 건 말도 안 된다면서 말이야. 반대에도 불구하고 의천은 뜻을 굽히지 않고 송나라로 몰래 유학을 떠났지.

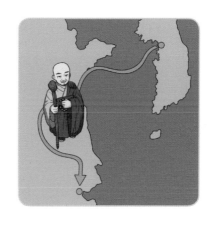

불교 통합을 위한 노력 송나라로 떠난 의천은 여러 스님들을 만나 깊은 가르침을 받았어. 유학을 마치고 고려로 돌아올 때 의천은 불교 책 3천여 권을 배에 한가득 싣고 와 그 책의 내용을 정리했어. 그리고 여러 불교의 **종파**들을 **통합**하기 위해 노력했지. 이 시기 승려들은 불교를 이해하는 **방식**에 대한 의견이 달라서 점차 분열되며 다투기도 했거든. 의천은 불교에 대한 책을 펴내고 불교 통합을 **추구**하는 등 활발하게 활동했어. 또한 많은 제자들에게 가르침을 전하며 고려 불교에 큰 영향을 미쳤지.

🔼 의천

로빈아! 설쌤과 함께 읽어 본 의천 이야기 재밌었지?
제대로 읽고 이해했는지 문제를 통해 같이 **확인해 보자!**

왈왈!

1
어휘력

다음 뜻풀이에 알맞은 낱말을 보기에서 골라 쓰세요.

보기	번성	종파	추구

(1) 같은 종교의 갈린 갈래. ( )

(2) 세력이 커져서 널리 퍼짐. ( )

(3) 목적을 이루기 위해 계속 따르며 구함. ( )

2
내용
이해

의천에 대한 내용으로 알맞은 것은 O에 표시하고, 그렇지 않은 것은 X에 표시하세요.

(1) 의천은 불교에 대한 책을 펴냈습니다. (O / X)

(2) 의천은 불교의 통합을 추구하였습니다. (O / X)

(3) 의천은 주위의 반대로 인해 송나라에 가지 못했습니다. (O / X)

3
사고력

다음 글을 읽고 표의 빈칸에 들어갈 알맞은 낱말을 쓰세요.

불교에는 여러 종파가 있지요. 의천이 송나라 유학을 마치고 돌아왔을 때, 고려의 불교는 교리(종교의 기본 원리와 가르침)를 중요시하는 '교종'과 깨달음을 중요시하는 '선종'이 서로 대립하고 있었어요. 교종은 불경 공부를 가장 중요하게 생각했고, 선종은 수행을 가장 중요시하며 각자 자기 방식이 옳다고 생각했어요.

이를 본 의천이 불교를 통합하기 위해 내세운 것이 '해동 천태종'이지요. 해동 천태종은 교종을 중심으로 하지만, 교종과 선종을 모두 강조하였답니다.

종파	주장
(1) ( )	교리를 가장 중요시해야 한다.
(2) ( )	깨달음과 수행을 가장 중요시해야 한다.
(3) ( )	교리, 깨달음을 모두 중요시해야 한다.

로빈아! 이제 **구조도의 빈칸만** 채우면
의천 이야기는 확실히 알고 넘어가는 거야! 할 수 있지?

4 다음 보기 중 구조도의 빈칸에 들어갈 알맞은 어휘를 고르세요.

요약
정리

보기   의천   문종   송나라

□□의
넷째 아들 ——— □□ ——— □□□
                                        유학

⇩

불교 통합을
위한 노력

14

우리의 역사를 모으다
김부식

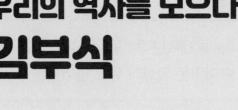

1136년	1145년	1151년
서경 천도 운동 진압	『삼국사기』 편찬	김부식 사망

어휘 미리보기

진 압
강제로 억눌러 진정시킴.

승 진
직위의 등급이나 계급이 오름.

핵 심
가장 중심이 되는 부분.

편 찬
여러 가지 자료를 모아 짜임새 있게 정리하여 책을 만듦.

주 도
중심이 되어 어떤 일을 이끎.

활 용
어떤 대상이 가지고 있는 쓰임이나 능력을 충분히 잘 이용함.

어휘 사용하기

평강아!
이번에 학교 잡지를 **편찬**하려고 하는데 표지에 어떤 사진을 넣으면 좋을까?

얼마 전에 있었던 운동회 때 찍은 사진들 있지?
그중에서 경기의 **핵심** 장면이 담긴 사진을 **활용**하면 되지 않을까?

정말 좋은 생각이야.

혹시 사진을 고르는 일을 평강이가 **주도**해서 해 줄 수 있을까?

알겠어!
내가 맡아서 해 볼게.

김부식은 현재 우리나라에 존재하는 **가장 오래된 역사책**인 삼국사기를 지었어. 우리나라 역사를 연구하는 데 중요한 자료가 되었지.

묘청의 난 진압 고려의 수도는 오늘날 북한의 개성 지역인 개경이었어. 그런데 인종 때 묘청이 오늘날 북한의 평양 지역인 서경으로 수도를 옮기자고 주장했지. 하지만 묘청의 주장은 받아들여지지 않았어. 결국 묘청을 비롯한 서경 세력이 반란을 일으켰지.

개경의 대표 귀족이었던 김부식은 왕으로부터 반란을 **진압**하라는 명령을 받았고 진압에 성공했어.

반란을 성공적으로 진압한 김부식은 **승진**했어. 더 높은 관직에 오르며 고려의 핵심적인 인물로 자리 잡았지. 하지만 높은 자리에 오를수록 마냥 좋지만은 않았어. 김부식은 정치적으로 뜻이 안 맞는 사람들과 갈등을 겪곤 했지.

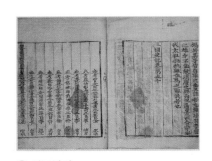
🔴 삼국사기

삼국사기 편찬 시간이 흘러 김부식은 관직에서 물러났어. 이때 왕이 김부식에게 역사책을 **편찬**할 것을 명령했지. 이 시기에 고려의 학자들이 중국의 역사는 잘 알면서도 우리나라의 역사는 잘 몰랐거든. 그래서 김부식에게 역사책을 만들어 보라고 한 거야. 김부식은 여러 학자들과 함께 역사책 편찬 작업을 시작했어. 고구려, 백제, 신라 삼국의 역사를 모아서 정리했지. 이렇게 김부식의 **주도**로 완성한 책의 이름이 바로 『삼국사기』야.

삼국사기에 대한 평가 『삼국사기』는 현재 우리나라에 존재하는 가장 오래된 역사책이야. 그래서 우리나라 역사를 연구하는 데 중요한 자료로 **활용**되기도 하지. 하지만『삼국사기』에 대한 좋지 못한 평가도 있어. 왜냐하면『삼국사기』는 신라를 중심으로 쓰여 있거든. 삼국 중에서 신라의 역사가 가장 자세히 쓰여 있는 이유는 아마도 신라가 삼국을 통일했기 때문이겠지만 김부식이 신라의 후손이었다는 점도 영향을 미치지 않았을까?

로빈아! 설쌤과 함께 읽어 본 김부식 이야기 재밌었지?
제대로 읽고 이해했는지 **문제**를 통해 같이 **확인**해 보자!

왈왈!

1 다음 낱말에 알맞은 뜻풀이를 선으로 이으세요.

어휘력

(1) 주도 •
(2) 편찬 •
(3) 진압 •

• ㉠ 강제로 억눌러 진정시킴.
• ㉡ 여러 가지 자료를 모아 짜임새 있게 정리하여 책을 만듦.
• ㉢ 중심이 되어 어떤 일을 이끎.

2 다음은 이야기에 대한 평강이와 온달이의 대화입니다. 알맞지 <u>않은</u> 것의 기호를 쓰세요.

내용
이해

평강: ㉠ 김부식은 묘청의 반란을 진압했어. 정말 대단하지?

온달: 응, ㉡ 삼국사기라는 어마어마한 역사책을 혼자서 다 쓴 것도 정말 대단해.

평강: ㉢ 삼국사기는 지금 우리나라에서 가장 오래된 역사책이래!

온달: 우아, 정말? ㉣ 그래서 우리나라 역사를 연구하는 데에 활용되는구나.

(   )

3 다음 글을 읽고 삼국사기에 대한 설명으로 옳은 것을 에서 골라 기호를 쓰세요.

사고력

삼국사기는 삼국의 역사를 담은 역사책으로, 총 50권으로 구성되어 있지요. 그리
고 삼국 중에서도 신라의 역사를 가장 자세히 적어 놓았어요. 신라가 삼국을 통일한
일을 높이 평가하였지만, 후삼국 시대의 견훤이나 궁예는 부정적으로 바라보았어요.
또한 농사에 영향을 주는 자연재해들에 대해서도 자세히 기록했어요. 삼국사기에는
신화나 전설 같은 현실이 아닌 이야기들은 싣지 않으려고 노력했답니다.

보기 ㉠ 삼국사기에는 재미있는 신화 이야기들이 잔뜩 담겨 있습니다.
㉡ 삼국사기는 삼국 중 신라의 이야기를 가장 자세히 썼습니다.
㉢ 삼국사기에서는 견훤과 궁예에 대해서 긍정적으로 말하고 있습니다.

(   )

왈왈!

로빈아! 이제 **구조도의 빈칸**만 채우면
김부식 이야기는 확실히 알고 넘어가는 거야! 할 수 있지?

4

요약
정리

다음 보기 중 구조도의 빈칸에 들어갈 알맞은 어휘를 고르세요.

보기   김부식   묘청   진압   삼국사기

□□의 난
□□

□□□□ 편찬

현재 우리나라에
존재하는
가장 오래된 역사서

15 삼국유사의 탄생
일연

1206년
일연 출생

1281년경
『삼국유사』 편찬

1289년
일연 사망

어휘 미리보기

간섭
직접 관계가 없는 남의 일에 참견함.

설화
있지 않은 일에 대하여 사실처럼 재미있게 말함. 또는 그런 이야기.

가치
값이나 귀중한 정도.

기록
주로 후일에 남길 목적으로 어떤 사실을 적음. 또는 그런 글.

자부심
스스로 자신의 가치나 능력을 믿고 떳떳이 여기는 마음.

평가
물건 값을 헤아려 정함. 또는 그 값.

어휘 사용하기

평강아,
너 학교 생활 기록부 본 적 있어?

응! 저번에 선생님이 보여 주셔서 잠깐 본 적 있지.

어떤 내용이 쓰여 있었어?
궁금해!

리더십이 있고 자기가 맡은 일에 **자부심**을 가지고 있다고 쓰여 있었어.
온달이는? 나도 궁금해!

나는 친구의 소중함을 알고 우정의 **가치**를 안다고 쓰여 있었어.

고려 시대의 대표적인 역사책으로는 김부식이 쓴 「삼국사기」와 일연이 쓴 「삼국유사」가 있어. 일연이 쓴 「삼국유사」는 어떤 책일까?

`「삼국유사」 편찬` 『삼국사기』가 편찬된 지 130여 년이 지났어. 고려는 몽골의 잦은 침입과 간섭을 받으며 약해져 있었지. 백성들도 불안해하고 지쳐 있었어. 이렇게 혼란스러운 시기에 승려 일연은 삼국 시대의 역사책을 썼어. 바로 『삼국유사』라는 책이야. 『삼국사기』와 이름이 비슷하지?

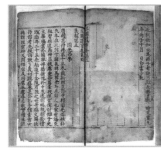

↑ 「삼국유사」

일연은 삼국의 역사뿐만 아니라 노래, 설화, 전설, 불교 관련 이야기 등 다양한 내용을 『삼국유사』에 자유롭게 담았어. 그래서 『삼국유사』는 보물창고라고도 불릴 만큼 문화적으로 가치가 높아.

그리고 일연은 단군왕검의 고조선 건국 이야기도 『삼국유사』에 넣었는데, 이건 아주 중요한 의미를 지니고 있어. 왜냐하면 『삼국유사』가 우리나라 최초로 고조선 이야기를 기록한 역사책이거든. 아마도 일연은 '우리 역사는 오래전 고조선 때부터 시작되었다.'라는 것을 알리면서 백성들에게 자부심을 심어 주려고 한 것 아닐까?

`고려 최고의 승려` 일연은 어릴 때부터 불교 공부에 열심이었어. 22세에는 승려들의 과거 시험에서 1등으로 합격할 정도로 뛰어났지. 그리고 전국 곳곳의 절을 돌아다니며 제자들을 가르쳤어. 많은 사람들이 가르침을 얻기 위해 일연을 찾아가기도 했었지. 특히 충렬왕은 일연을 몹시 높게 평가하고 존경했어.

이렇게 자신의 능력을 인정받은 일연은 78세에 '국존'이라는 자리에 오르게 되었지. 국존은 고려 승려들 중에서 가장 높은 관직이야. 한마디로 일연은 고려 최고의 승려였던 거야.

왈왈!

로빈아! 설쌤과 함께 읽어 본 일연 이야기 재밌었지?
제대로 읽고 이해했는지 **문제**를 통해 같이 **확인**해 보자!

1 다음 낱말과 뜻풀이가 바르게 짝 지어진 것은 O에 표시하고, 그렇지 않은 것은 X에 표시하세요.

어휘력

(1) 간섭 – 물건 값을 헤아려 정함. 또는 그 값   (O / X)

(2) 설화 – 있지 않은 일에 대하여 사실처럼 재미있게 말함. 또는 그런   (O / X)
     이야기

(3) 자부심 – 스스로 자신의 가치나 능력을 믿고 떳떳이 여기는 마음.   (O / X)

2 이야기의 내용과 일치하는 것은 O에 표시하고, 일치하지 않는 것은 X에 표시하세요.

내용
이해

(1) 일연은『삼국유사』라는 역사책을 썼습니다.   (O / X)

(2)『삼국유사』에는 실제 있었던 일만 담겨 있습니다.   (O / X)

(3) 일연은 전국을 돌아다니며 제자들을 가르쳤습니다.   (O / X)

(4) 일연은 고려 승려들 중 가장 높은 관직에 올랐습니다.   (O / X)

3 다음 글의 내용을 알맞게 말한 친구의 이름을 쓰세요.

사고력

> 『삼국사기』와『삼국유사』는 고려 시대에 쓰인 역사책이에요. 둘 다 삼국 시대의 역사를 담고 있어요.
> 『삼국유사』는 승려 일연이 쓴 역사책으로『삼국사기』보다 130여 년 뒤에 쓰여졌어요.『삼국유사』에는 단군 신화를 비롯해서 '임금님 귀는 당나귀 귀' 같은 이야기들이 담겨 있답니다.

> 지우:『삼국사기』는 단군 신화를 수록한 유일한 역사서입니다.
> 진서:『삼국사기』와『삼국유사』는 고려 시대에 쓰였습니다.
> 유민:『삼국사기』는 일연이 펴낸 책이고,『삼국유사』는 김부식이 펴낸 책입니다.

(   )

로빈아! 이제 **구조도의 빈칸만** 채우면
일연 이야기는 확실히 알고 넘어가는 거야! 할 수 있지?

왈왈!

4 다음 보기 중 구조도의 빈칸에 들어갈 알맞은 어휘를 고르세요.

요약
정리

보기   일연   고조선   삼국유사

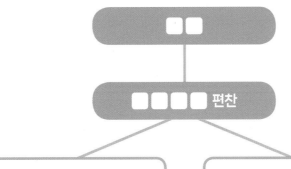

□□

□□□□ 편찬

삼국의 역사, 노래, 설화,
전설 등 다양한 내용이
담겨 있음.

우리나라 최초로
□□□ 이야기를
기록한 역사책

❝ 각기 다른 방식으로 역사를 기록한 두 인물 ❞

김부식은 고려 시대의 정치인이자 학자로
고구려, 백제, 신라의 역사를 다룬 『삼국사기』를 썼어.
『삼국사기』에서 김부식은 고구려에 대한 기록이
부족하여 주로 중국의 책도 많이 참고했어.
또한 그가 신라인의 후손이라는 점도 크게 작용한
것으로 보이는데, 『삼국사기』에 신라에 대한
기록이 풍부한 편이기 때문이야.

김부식

출생	1075년
사망	1151년
한 줄 요약	고대의 역사를 남긴 관리
연관 키워드	문벌귀족 『삼국사기』 편찬 묘청의 난 진압 금나라에 사대

김부식 과 일연

이곳은 일연이 머물면서 『삼국유사』를 지었다고 전하는 대구 군위군의 인각사야. 그가 살던 시기에 고려는 몽골의 침략과 이어진 원나라의 간섭으로, 국가로서 심각한 손상을 입었어. 이에 일연은 우리 민족의 자주성을 끌어올리기 위해 『삼국유사』를 만들었던 거야. 그래서 일연은 우리민족의 시조인 단군을 주목하여, 『삼국유사』에서 고조선 건국 이야기를 자세히 다루었다고 해.

일연

출생	1206년
사망	1289년
한 줄 요약	고조선의 역사를 남긴 승려
연관 키워드	『삼국유사』 편찬 가락국기 인용 단군 신화 기록 국존

4주

1일
주제

정지상
서경 천도를
꿈꾼 비운의
천재 시인

학습
계획
☐ 월 ☐ 일

학습
확인
☆ ☆ ☆

2일

최충헌
최씨 무신
정권 시대를
열다

학습
계획
☐ 월 ☐ 일

학습
확인
☆ ☆ ☆

이번 주에 만날 인물 5명의 특징을
제목으로 먼저 살펴보자.

3 일

만적
나도 할 수 있다
이거야!

☐ 월 ☐ 일

☆ ☆ ☆

4 일

삼별초
어디 한번
끝까지 해
보자!

☐ 월 ☐ 일

☆ ☆ ☆

5 일

안향
한국 성리학의
출발

☐ 월 ☐ 일

☆ ☆ ☆

16

서경 천도를 꿈꾼 비운의 천재 시인
정지상

1114
정지상 과거 급제

1135년
묘청의 난 발생, 정지상 사망

1145년
『삼국사기』 편찬

어휘 미리보기

풍수지리

지형이나 위치를 인간의 행복과 불행에 연결시켜 집을 짓거나 죽은 사람을 묻는 데 알맞은 장소를 구하는 이론.

공물

가져다 바치는 물건.

동의

의사나 의견을 같이함.

가담

같은 편이 되어 일을 함께 하거나 도움.

핑계

잘못한 일에 대하여 이리저리 돌려 말하는 구차한 변명.

견제

상대방이 자유롭게 행동하거나 힘이 강해지지 못하도록 함.

어휘 사용하기

평강아, 아까 본 만화 영화에서 그 악당 너무하지 않았니?

어떻게 동의 없이 주인공의 소중한 물건을 가져갈 수 있지?

내 말이. 그래서 악당인가 봐! 악당이 물건을 가져가는 데 가담한 다른 사람들도 너무해.

맞아. 그냥 빌려 간 거라고 했지만 다 핑계였다는 게 들통났잖아.

악당이 자기가 가진 힘을 빼앗길까 봐 주인공을 엄청 견제해서 그런 일을 벌인 것 같아.

정지상은 왜 묘청과 함께
고려의 수도를 서경으로 옮기려고 했을까?

묘청의 난　고려 인종 때 나라 안에서는 반란이 일어나고 밖에서는 금나라가 고려를 위협하고 있었어. 인종은 이 상황을 어떻게 해결해야 할지 고민이 많았지. 이때 서경 출신의 승려 묘청이 **풍수지리설**을 내세웠어. 그리고 수도를 개경에서 서경으로 옮겨야 한다고 주장했지. 서경은 오늘날 평양 지역이야.

"만약 서경에 궁궐을 세우고 수도를 옮긴다면 나라의 혼란을 막을 수 있으며, 금나라가 **공물**을 바치고 스스로 항복해 올 것입니다."

서경 출신이었던 정지상 역시 나라의 수도를 서경으로 옮겨야 한다는 묘청의 의견에 **동의**했어. 하지만 개경 세력들의 거센 반대로 받아들여지지 않자 결국 묘청은 서경에서 반란을 일으켰어.

이때 개경 세력인 김부식이 반란을 진압하기 위해 나섰어. 결국 정지상은 묘청의 난에 **가담**했다는 이유로 김부식에 의해 죽임을 당했고, 서경 세력들이 하나둘 목숨을 잃으며 묘청의 난은 실패로 끝나고 말았지.

훌륭한 시인　정지상은 죽었지만 정지상이 남긴 시는 오늘날 여러 편 전해지고 있어. 정지상은 글과 그림 실력이 뛰어나고 특히 시를 아주 잘 짓기로 유명했어. 고려를 대표하는 천재 시인이라고 불릴 정도였지. 그만큼 정지상이 쓴 시는 아름다웠고 많은 사람들이 감탄할 정도로 대단했어.

그래서인지 김부식이 정지상의 실력을 질투했다는 이야기도 있어. 김부식이 질투 때문에 묘청의 난을 **핑계**로 정지상을 곧바로 죽였다고 생각하는 거지. 김부식과 정지상의 시를 비교했을 때, 김부식은 절대 정지상을 뛰어넘을 수 없었다고 해. 김부식이 정말로 정지상을 **견제**했는지는 알 수 없지만, 정지상이 당시 고려의 훌륭한 시인이었다는 것은 분명한 사실이야.

왈왈!

로빈아! 설쌤과 함께 읽어 본 정지상 이야기 재밌었지?
제대로 읽고 이해했는지 **문제를 통해** 같이 **확인해** 보자!

1 다음 낱말에 알맞은 뜻풀이를 보기 에서 골라 쓰세요.

어휘력

> 보기 ㉠ 가져다 바치는 물건.
> ㉡ 같은 편이 되어 일을 함께 하거나 도움.
> ㉢ 잘못한 일에 대하여 이리저리 돌려 말하는 구차한 변명.

(1) 가담 (   )　　　(2) 공물 (   )　　　(3) 핑계 (   )

2 정지상에 대해서 알맞게 말한 친구의 이름을 쓰세요.

내용
이해

> 민영: 정지상은 서경 출신이었습니다.
> 미소: 정지상이 쓴 시는 오늘날에는 한 편도 전해지지 않습니다.
> 수아: 정지상은 수도를 옮겨야 한다는 묘청의 말에 반대했습니다.

(　　　　　　　　)

3 다음 글의 내용으로 알맞지 <u>않은</u> 것은 무엇인가요?　　　(　　　)

사고력

> 　김부식은 개경 출신으로 아주 높은 벼슬까지 올랐어요. 정지상은 서경 출신으로
> 고려를 대표하는 시인이라고 할 정도로 뛰어난 시인이었어요. 정지상은 묘청의 의
> 견에 따랐지만 반란을 진압하던 김부식에게 죽임을 당했어요. 많은 사람들은 김부식
> 이 정지상의 시 짓는 능력을 질투하여 죽였다고 생각했지요.

① 김부식은 개경 출신이었습니다.
② 정지상은 서경 출신이었습니다.
③ 정지상은 묘청의 의견에 동의했습니다.
④ 김부식은 반란을 진압하며 정지상을 죽였습니다.
⑤ 정지상은 김부식의 시 짓는 능력을 질투하여 반란을 일으켰습니다.

로빈아! 이제 **구조도의 빈칸**만 채우면
정지상 이야기는 확실히 알고 넘어가는 거야! 할 수 있지?

왈왈!

4 다음 보기 중 구조도의 빈칸에 들어갈 알맞은 어휘를 고르세요.

요약
정리

보기   정지상   김부식   풍수지리설

서경 출신   개경 출신

⬜⬜⬜ ♥ 묘청   vs   ⬜⬜⬜

⬜⬜⬜⬜⬜을 바탕으로 서경으로   • 서경으로 수도를 옮기는
수도를 옮길 것을 주장함.   것을 반대함.
                                      • 묘청의 난을 진압하는 과
                                        정에서 정지상을 제거함.

정지상   김부식

17

최씨 무신 정권 시대를 열다
최충헌

설쌤 강의 보기

1149년	1170년	1196년
최충헌 출생	무신 정변	최충헌 집권

어휘 미리보기

우 대
특별히 잘 대우함. 또는 그런 대우.

자 존 심
남에게 굽히지 않으려고 하거나 스스로를 높이려는 마음.

정 변
혁명이나 쿠데타* 등의 법에 어긋나는 방법으로 생긴 정치적 변화.
* 쿠데타: 군사적 힘을 동원하여 정권을 빼앗으려고 갑자기 벌이는 행동.

집 권 자
권력이나 정권을 잡고 있는 사람.

정 권
정치를 맡아 행하는 권력.

정 점
맨 꼭대기가 되는 곳.

어휘 사용하기

 옛날에 훌륭했던 관리들을 보면 말야.

 가장 높은 벼슬의 정점에 올랐어도 우대받으려고 하지 않고 자신의 일에만 열심히 집중했던 것 같아.

맞아, **집권자**가 되기 위해 무리한 행동을 하지도 않았지.

 자신의 **자존심**을 세우기보다는 백성들을 위해 일한 사람들이 정말 훌륭한 사람들이네.

응, 그런 점은 본받아야 한다고 생각해!

최충헌의 권력은 왕을 넘어설 정도로 강했다고 해.
얼마나 강했으면 그 후손들까지 최고 권력자가 될 수 있었을까?

무신 정변 고려 사회는 무신을 무시하고 문신을 우대하는 분위기였어. 무신들은 문신들과 심한 차별을 받으며 **자존심** 상하는 일도 많이 겪었지. 문신이 무신의 수염을 태우고 뺨을 때리는 등 문신들은 무신들을 함부로 대했거든. 계속해서 불만을 품고 있던 무신들은 더 이상 참을 수 없었어.

결국 참다못한 무신들이 반란을 일으켰지. 자신들을 괴롭혔던 문신들을 죽이고 권력을 차지했어. 이 사건을 바로 무신 **정변**이라고 해. 이때부터 무신들의 세상이 되었지.

무신 최고 권력자 무신 정변 이후 무신들은 예전보다 행복해졌을까? 마냥 그렇지는 않았을 거야. 권력을 차지했지만 서로 더 높은 권력을 갖기 위해 끊임없이 싸웠거든. 계속되는 권력 다툼 속에 **집권자**는 여러 번 바뀌었고 나라는 계속해서 혼란스러워졌어.

그러던 중 무신 최충헌이 집권자 이의민을 제거하고 권력을 장악했어. 최씨 무신 **정권**이 시작된 거야. 최충헌은 왕을 마음대로 왕위에 올렸다가 내리기도 하고, 자신과 가까운 사람들에게 관직을 내려 주는 등 왕보다 더 큰 권력을 가졌어. 백성들에게 세금을 마구 거둬 재산도 많이 쌓았지. 백성들의 땅을 **빼앗아** 전국 곳곳에 자신의 농장을 만들면서 말이야. 이렇게 권력의 **정점**에 오른 최충헌은 23년 동안 고려 최고의 권력을 누렸어.

최씨 무신 정권 최충헌이 세상을 떠나자 최충헌의 후손들이 그 뒤를 이었어. 최우, 최항, 최의 4대가 연이어 권력을 차지하면서 무려 60여 년 동안 최씨 무신 정권이 유지되었지.

최의를 마지막으로 최씨 무신 정권은 막을 내렸지만 무신 정권이 완전히 끝난 것은 아니었어. 또 다른 무신들이 권력을 이어 가며 얼마간 더 무신들의 세상이 이어졌지.

로빈아! 설쌤과 함께 읽어 본 최충헌 이야기 재밌었지?
제대로 읽고 이해했는지 **문제**를 통해 같이 **확인**해 보자!

왈왈!

1 다음 빈칸에 들어갈 알맞은 낱말을 **보기** 에서 골라 쓰세요.

어휘력

> **보기** 　　정변　　　　　정점　　　　　우대

(1) 무신을 무시하고 문신을 ⬚⬚ 하는 분위기에 무신들은 불만을 품었습니다.

(2) 무신들은 반란을 일으켜 권력을 차지하였고, 이를 무신 ⬚⬚ (이)라고 합니다.

(3) 무신 최충헌은 권력의 ⬚⬚ 에 올라 오랫동안 최고의 권력을 누렸습니다.

2 이야기의 내용과 일치하는 것은 무엇인가요? 　　　　　　　　　(　　　)

내용
이해

① 최충헌은 어려운 백성들을 도왔습니다.

② 최충헌은 고려의 대표적인 문신입니다.

③ 최충헌은 이의민을 도와 권력을 장악했습니다.

④ 무신 정변 이후 무신들은 서로 사이가 좋았습니다.

⑤ 최충헌이 죽고 나서도 그의 후손들은 권력을 차지했습니다.

3 다음 글을 읽고 빈칸에 공통으로 들어갈 알맞은 낱말을 쓰세요.

사고력

> 　최충헌은 자신의 권력을 유지하기 하기 위해 '교정도감'과 '도방'을 설치했지요. 교정
> 도감은 최고 권력 기구로 나라의 중요한 일을 처리하는 곳이었고, 도방은 힘센 사람들
> 을 뽑아 최충헌의 집을 지키게 한 것이었어요. 이처럼 최충헌은 왕보다도 높은 권력을
> 차지하였고, 최충헌이 죽은 이후에도 4대 동안이나 후손들이 그 권력을 누렸답니다.

> 　최충헌은 자신의 (　　　)을/를 유지하기 위해 교정도감, 도방을 설치하였습니다. 최충헌과 후손들은 오랫동안 (　　　)을/를 누렸습니다.

(　　　　　　　　　)

왈왈!

4 주
2 일

로빈아! 이제 **구조도의 빈칸**만 채우면
최충헌 이야기는 확실히 알고 넘어가는 거야! 할 수 있지?

4

요약
정리

다음 [보기] 중 구조도의 빈칸에 들어갈 알맞은 어휘를 고르세요.

[보기]   최충헌   이의민   무신 정변

☐☐ ☐☐   최씨 무신 정권

————————————————————————————→

　　　　　[☐☐☐] → [최우 → 최항 → 최의]

제거 ↙

[☐☐☐]

17 최충헌 **89**

18

나도 할 수 있다 이거야!
만적

어휘 미리보기

1196년	1198년	1231년
최충헌 집권	만적의 난	몽골 침입

난

전쟁이나 나라 안에서 일어난 싸움.

문 서

다른 일의 자료가 되거나 어떤 사실을 증명하는 데 쓰이는 글을 적은 종이.

발 언

말을 하여 의견을 나타냄. 또는 그 말.

동 참

어떤 모임이나 일에 같이 참가함.

해 방

자유를 억압하는 것으로부터 벗어나게 함.

의 미

어떠한 일, 행동, 현상 등이 지닌 가치나 중요성.

어휘 사용하기

 평강아, 옆 반에서 전교생이 **동참**할 수 있는 학교 행사를 만들어야 한다고 말한 것 들었어?

응. 처음에 반장이 제안하면서 **발언**한 거라고 하더라.

 모두가 함께하는 행사가 생긴다면, 친구들과의 사이도 돈독해지고 정말 **의미**가 있을 것 같아.

함께 참여하는 행사에 대한 제안들을 **문서**로 정리하여 나눠 주고 있대.

우리도 같이 읽어 보자.

무신 정변 이후 전국 곳곳에서 난이 일어나게 돼.
노비인 만적도 노비 신분에서 벗어나기 위해 난을 일으켰지.

무신 집권기의 반란 무신 정변으로 인해 무신들이 권력을 차지했지만 백성들의 삶은 크게 달라지지 않았어. 살기 어려운 것에는 변함이 없었고 오히려 더 힘들어지기만 했지. 무신들이 권력을 누리고 사치를 부리는 만큼 백성들은 훨씬 더 많은 세금을 내야 했거든. 결국 고통 받는 백성들은 더욱 많아졌고 전국 곳곳에서 난이 일어났어.

만적의 난 최충헌이 최고 권력을 누리고 있던 어느 날, 최충헌의 노비인 만적이 노비들을 불러 모아 말했지.

"왕이나 장군, 재상이 될 사람이 따로 있는가? 때만 만나면 누구나 될 수 있는 것이다!"

만적은 난을 일으킬 계획을 설명했어. 먼저 최충헌을 죽이고, 노비들의 주인을 죽인 뒤 노비 문서를 불태워 없애자고 했지.

당시 노비들은 고려에서 가장 신분이 낮은 천민이었는데 사람이 아닌 물건 취급을 받으며 비참하게 살고 있었어. 만적의 발언에 많은 노비들이 동참하기로 했지.

최초의 신분 해방 운동 하지만 난을 일으키기로 약속한 날, 약속 장소에 모인 노비들은 겨우 수백 명밖에 되지 않았어. 어쩔 수 없이 만적은 난을 며칠 뒤로 미루기로 했지.

그런데 순정이라는 노비는 점점 걱정되기 시작했어. 난이 실패하게 될까 봐 불안했지. 결국 순정은 자신의 주인에게 사실대로 일러바쳤어. 순정의 주인은 바로 최충헌을 찾아가 알렸지. 화가 난 최충헌은 곧장 만적과 노비들을 잡아들인 후 강물에 던져 버렸어.

이렇게 만적의 난은 제대로 시작조차 하지 못한 채 끝나 버렸지만, 노비 해방을 꿈꿨던 우리나라 최초의 신분 해방 운동이었다는 점에서 의미가 깊어. 😀

로빈아! 설쌤과 함께 읽어 본 만적 이야기 재밌었지?
제대로 읽고 이해했는지 문제를 통해 같이 확인해 보자!

왈왈!

1 다음 뜻풀이에 알맞은 낱말을 보기에서 골라 쓰세요.

어휘력

| 보기 | 의미 | 난 | 해방 |

(1) 전쟁이나 나라 안에서 일어난 싸움. ( )

(2) 자유를 억압하는 것으로부터 벗어나게 함. ( )

(3) 어떠한 일, 행동, 현상 등이 지닌 가치나 중요성. ( )

2 이야기의 내용과 일치하는 것은 O에 표시하고, 일치하지 <u>않는</u> 것은 X에 표시하세요.

내용
이해

(1) 무신 정변 이후 백성들의 삶은 여유로워졌습니다. (O / X)

(2) 만적은 노비들을 불러 모아 노비 문서를 불태워 없애자고 했습니다. (O / X)

(3) 순정은 만적을 끝까지 적극적으로 도와 동참했습니다. (O / X)

(4) 만적의 난은 우리나라 최초의 신분 해방 운동입니다. (O / X)

3 다음 글에 나타난 만적의 생각을 알맞게 말한 친구의 이름을 쓰세요.

사고력

"왕이나 장군, 재상이 될 사람이 따로 있는가? 때만 만나면 누구나 될 수 있는 것이다!"
만적은 무신 정변 이후 높은 자리에 있는 사람들 중에는 노비 출신도 많으므로 출신과 관계없이 때를 잘 만나면 누구나 높은 자리에 오를 수 있다는 말로 평등을 주장했습니다.

민상: 만적은 사람들이 평등하다고 생각했습니다.
윤정: 만적은 노비 출신은 높은 자리에 오를 수 없다고 생각했습니다.
우리: 만적은 왕과 장군, 재상이 되는 사람은 정해져 있다고 생각했습니다.

( )

왈왈!

로빈아! 이제 **구조도의 빈칸만** 채우면
만적 이야기는 확실히 알고 넘어가는 거야! 할 수 있지?

4 다음 보기 중 구조도의 빈칸에 들어갈 알맞은 어휘를 고르세요.

요약
정리

보기   해방   만적   최충헌

신분 ■■ 운동 계획   실패

장군이나 재상이 될 사람이
따로 있는가? 때만 만나면
누구나 될 수 있는 것이다!

□□의
계획을
말함.

들은
내용을
전달함.

제거함.

□□ ⇒ 순정 → 순정의
주인 → □□□ → 만적
제거

18 만적   **93**

19

어디 한번 끝까지 해 보자!
삼별초

1270년
고려·몽골 강화,
삼별초 항쟁 시작

1270~1273년
진도·제주도에서 항쟁

1273년
삼별초 진압

어휘 미리보기

사 병

개인이 부리는 병사.

감 당

어려운 일을 참고 이겨 냄.

거 부

요구나 제안 등을 받아들이지 않음.

항 쟁

맞서 싸움.

응 원

잘하도록 옆에서 격려하거나 도와줌.

포 기

하려던 일을 도중에 그만두어 버림.

어휘 사용하기

 평강아,
나 이번에 농구 시합 **거부**할까 봐.
상대 팀이 너무 강해서 **감당**할 수 없을 것 같아.

뭐라고?
그러면 시합을 **포기**하게?

 응…….
그러려고 생각 중이야.

온달아, **포기**하지 마!

너희 팀도 충분히 잘하잖아.
내가 열심히 **응원**할게.

삼별초는 두 번이나 지역을 옮겨 가며 몽골과 끝까지 맞서 싸웠다고 해.
그 두 지역은 어딜까?

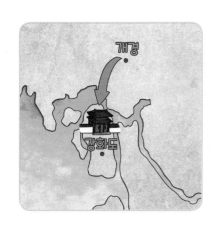

몽골의 침입 최씨 무신 정권이 나라를 다스릴 때 몽골이 고려에 쳐들어왔어. 고려 정부는 몽골군을 피해 개경에서 강화도로 수도를 옮겼고 삼별초는 강화도에서 몽골군과 열심히 싸웠지. 삼별초는 원래 최씨 무신 정권이 자신들의 권력을 유지하기 위해 만든 **사병**이었어. 몽골이 침입하자 삼별초는 전쟁에서 큰 공을 세우며 많은 활약을 했지. 하지만 몽골의 잦은 침입과 강한 기세를 **감당**하기 어려웠던 고려 정부는 결국 항복하고 말았어. 수도도 강화도에서 개경으로 다시 옮겼지.

"항복이라니……. 절대 인정할 수 없다! 우리 삼별초는 끝까지 몽골에 맞서 싸우자!"

고려 정부가 이미 몽골에 항복했음에도 불구하고 배중손을 비롯한 삼별초는 계속 항복을 **거부**하고 끝까지 몽골에 **항쟁**하기로 결심했지.

삼별초의 항쟁 배중손은 삼별초를 이끌고 강화도에서 진도로 내려갔어. 이때 삼별초의 배는 무려 천여 척이나 되었고, 삼별초를 **응원**하는 백성들도 들어와 함께 했어. 진도에 도착한 삼별초는 성을 쌓고 계속해서 전쟁을 이어 나갔지.

↑ 고려의 대몽 항쟁

삼별초의 끈질긴 항쟁에 몽골뿐 아니라 고려 정부도 당황했어. 결국 고려 정부와 몽골이 연합해서 수만 명의 군대를 이끌고 진도를 공격했어. 삼별초는 크게 패하고 배중손을 비롯한 절반 이상이 목숨을 잃었지. 하지만 삼별초는 끝까지 **포기**하지 않았어. 이번에는 김통정이 삼별초를 이끌고 진도를 떠나 제주도로 갔어. 삼별초는 목숨을 걸고 연합군에 맞서 싸웠지만 결국 무너지고 말았지. 이렇게 3년간의 삼별초 항쟁은 막을 내렸어.

왈왈!

로빈아! 설쌤과 함께 읽어 본 삼별초 이야기 재밌었지?
제대로 읽고 이해했는지 문제를 통해 같이 **확인**해 보자!

1 다음 낱말에 알맞은 뜻풀이를 선으로 이으세요.

어휘력

(1) 항쟁 •

(2) 사병 •

(3) 감당 •

• ㉠ 어려운 일을 참고 이겨 냄.

• ㉡ 맞서 싸움.

• ㉢ 개인이 부리는 병사.

2 이야기에서 일이 일어난 순서대로 보기 의 기호를 쓰세요.

내용
이해

> **보기** ㉠ 고려 정부와 몽골이 연합하여 진도를 공격하여 삼별초는 크게 패했습니다.
> ㉡ 배중손은 계속 항쟁하기로 마음먹고, 삼별초를 이끌고 진도로 내려갔습니다.
> ㉢ 김통정은 삼별초를 이끌고 제주도로 가서 맞서 싸웠지만 패하고 말았습니다.
> ㉣ 몽골이 고려에 쳐들어오자 고려는 항복하고, 강화도로 옮겼던 수도를 다시 개경
> 으로 옮겼습니다.

(   ) – (   ) – (   ) – (   )

3 다음 글을 읽고 빈칸에 들어갈 알맞은 낱말을 쓰세요.

사고력

> 삼별초는 원래 최씨 무신 정권의 권력을 유지하기 위해 만들어진 군대로 '야별초'
> 라고 했어요. 야별초는 도둑을 잡고 백성의 난을 막기 위해 만든 것이었지요.
> 야별초는 좌별초, 우별초 두 개의 부대로 나뉘었어요. 여기에 몽골에 원한이 있
> 는 사람들이 만든 군대인 신의군이 더해져 삼별초가 되었지요.

삼별초

↓

좌별초 + 우별초 + (   )

왈왈!

로빈아! 이제 **구조도의 빈칸**만 채우면
삼별초 이야기는 확실히 알고 넘어가는 거야! 할 수 있지?

4 다음 보기 중 구조도의 빈칸에 들어갈 알맞은 어휘를 고르세요.

요약
정리

| 보기 | 개경 | 진도 | 김통정 | 삼별초 |

고려 정부가 다시
수도를 옮김.

강화도 → ⬜⬜

고려 + 몽골

vs

⬜⬜⬜ ← 고려 정부와 몽골의 연합군에
의해 진압됨.

⬜⬜   제주도
배중손   ⬜⬜⬜

20 한국 성리학의 출발
안향

1243년	1289년	1290년
안향 출생	원나라 방문	원나라에서 귀국

어휘 미리보기

임명
일정한 지위나 임무를 남에게 맡김.

탐구
진리, 학문 따위를 파고들어 깊이 연구함.

본래
사물이나 사실이 전하여 내려온 그 처음.

만물
세상에 있는 모든 것.

도덕
사회의 구성원들이 양심, 사회적 여론, 관습 따위에 비추어 스스로 마땅히 지켜야 할 행동 준칙이나 규범의 총체.

소개
잘 알려지지 아니하였거나, 모르는 사실이나 내용을 잘 알도록 하여 주는 설명.

어휘 사용하기

평강아! 우리 반 담임 선생님이 교감 선생님으로 **임명**되셨대.

정말?

그러면 너희 반 담임 선생님은 새로 오시는 거야?

응, 그렇대! **도덕** 시간에 지금의 담임 선생님이 말씀해 주셨어.

그렇구나.
새로운 담임 선생님 오시면 **본래** 하던 대로 열심히 공부해!

> 조선 시대에 크게 발전한 성리학은 **고려 시대에**
> **안향**이 처음으로 들여왔다고 해!

원 간섭기 고려 정부가 몽골에 항복한 이후 점점 힘이 커진 몽골은 '원'이라는 나라를 세웠어. 그래서 우리는 처음에는 몽골로 부르다가 나중에는 원나라로 부르기도 하지. 원나라는 고려를 지배하면서 괴롭히기 시작했어. 고려의 왕도 원나라의 마음대로 **임명**할 정도였지. 이렇듯 고려가 원나라의 간섭을 받던 시기를 '원 간섭기'라고 해.

성리학 고려의 힘이 약하던 원 간섭기에 고려의 학자 안향은 충렬왕과 함께 원나라로 가게 되었어. 그곳에서 안향은 성리학이라는 학문을 알게 돼.

성리학은 사람의 마음과 우주의 질서에 대해 깊이 **탐구**하는 학문이야. 쉽게 말하면 사람의 타고난 마음은 **본래** 어떠한지, 우주 **만물**은 어떻게 만들어졌는지 등 그 답을 찾기 위해 공부하는 것이지. 성리학에서는 **도덕**과 예의를 아주 중요하게 여겼어. 사람들은 도덕적으로 바르게 행동해야 하고 예의를 지키기 위해 노력해야 된다는 거야.

안향의 노력 안향은 성리학을 고려에도 소개하고 싶었어. 고려의 혼란스러운 상황을 성리학이 변화시켜 줄 수 있을 거라 생각했거든. 그래서 안향은 원나라로부터 성리학을 들여와 고려에 알리기 위해 노력했어. 원나라에서 성리학 책을 직접 베껴 써서 고려에 가져오기도 하고, 고려에 돌아온 후에도 여러 차례 원나라로 가서 공부하기도 했지.

이러한 안향의 노력으로 고려에 성리학이 새로운 학문이자 사상으로 알려지기 시작했어. 시간이 흘러 신진 사대부들은 성리학을 사상적 기반으로 삼고 이를 바탕으로 조선을 건국했지. 그래서 조선을 성리학의 나라라고 표현하기도 해.

● 안향

 왈왈!

로빈아! 설쌤과 함께 읽어 본 안향 이야기 재밌었지?
제대로 읽고 이해했는지 **문제를 통해 같이 확인해 보자!**

1 다음 낱말에 알맞은 뜻풀이를 에서 골라 기호를 쓰세요.

어휘력

보기
㉠ 진리, 학문 따위를 파고들어 깊이 연구함.
㉡ 일정한 지위나 임무를 맡김.
㉢ 세상에 있는 모든 것.

(1) 만물 (　　　)　　　(2) 탐구 (　　　)　　　(3) 임명 (　　　)

2 다음은 온달이가 이야기를 정리한 내용입니다. 알맞지 **않은** 것은 무엇인가요?

내용
이해

㉠ 원나라는 고려를 지배하고 괴롭혔다. 이때 원나라에 간 안향은 '성리학'을 알게 되었다. ㉡ 성리학은 백성의 생활에 실제로 쓰이는 지혜를 배우는 학문이다. ㉢ 또한 도덕과 예의를 중요시하는 학문이었다. ㉣ 안향은 성리학을 고려에도 널리 알렸다.

(　　　　　)

3 다음 글을 읽고 고려 말 성리학이 유행한 이유를 고르세요.　　(　　　)

사고력

성리학은 사람의 마음과 우주의 원리를 깊이 탐구하고 도덕과 예의를 중시하는 학문이에요. 안향이 처음으로 성리학을 들여온 후 고려에 성리학이 유행했어요. 이 시기 백성들은 세금을 내느라 아주 힘든 삶을 살고 있었는데 성리학이 왕의 부패와 사치를 없애고 관리들의 횡포를 막을 수 있을 거라고 생각한 학자들이 많았기 때문이지요.

① 원나라에서 유행했기 때문입니다.
② 도덕을 중시하는 학문이기 때문입니다.
③ 백성들의 삶이 여유로웠기 때문입니다.
④ 관리들의 횡포를 돕는 학문이기 때문입니다.
⑤ 돈을 많이 벌게 해 주는 학문이기 때문입니다.

왈왈!

로빈아! 이제 **구조도의 빈칸**만 채우면
안향 이야기는 확실히 알고 넘어가는 거야! 할 수 있지?

4

요약
정리

다음 **보기** 중 구조도의 빈칸에 들어갈 알맞은 어휘를 고르세요.

보기   안향   고려   성리학   신진 사대부

□□ → □□□□

□□에   □□□을 사상적 기반으로   → **조선**
□□□ 소개   삼아 조선을 건국함.   □□□의 나라

20 안향   101

" 역사의 소용돌이 속에서 다른 길을 갔던 두 인물 "

최씨 무신 정권의 시작을 알린 사람이 바로 최충헌이야. 그는 이의방, 정중부, 경대승, 이의민으로 이어진 무신 집권기 혼란을 수습했어. 그러나 고려는 여전히 국왕이 아닌, 무신들이 다스리는 어두운 시기를 보낼 수밖에 없었지. 최충헌은 처음에 무신들이 어지럽힌 고려를 새롭게 바꾸겠다고 했지만, 나중에는 그도 큰 권력에 취해 독재를 하게 되었어.

최충헌

출생	1149년
사망	1219년
한 줄 요약	최씨 무신 정권을 세운 무장
연관 키워드	이의민 제거 교정도감 설치 봉사 10조 권력자

최충헌 VS 만적

만적을 비롯한 고려 시대의
노비들은 주인의 재산 중 일부로 여겨지며
비참한 삶을 살았어. 그런데 만적은 낮은
대우를 받던 무신들이 벼락출세하는 모습을
보고 딴마음을 품었다고 해. 바로 자신의
주인인 최충헌을 죽여 노비 신분에서
벗어나고 싶었던 거야. 그러나 세상은
만적의 소원을 들어주지 않았고,
그의 목숨으로 대가를 치르게 했지.

만적

출생	미상
사망	1198년
한 줄 요약	신분 해방을 꿈꾼 노비
연관 키워드	최충헌의 노비 무신 집권기의 반란 순정의 배신 흥국사

5주

	1일	2일
주제	**공민왕** 고려 재건을 꿈꾸다	**신돈** 공민왕의 선택과 버림을 모두 받다

학습 계획	☐월 ☐일	☐월 ☐일
학습 확인	☆ ☆ ☆	☆ ☆ ☆

이번 주에 만날 인물 5명의 특징을
제목으로 먼저 살펴보자.

3일

문익점
백성 모두가
따뜻할 수
있다면!

☐ 월 ☐ 일

☆ ☆ ☆

4일

최영
풀이 나지
않는 무덤의
주인공

☐ 월 ☐ 일

☆ ☆ ☆

5일

정몽주
고려를 향한
변하지 않는
마음

☐ 월 ☐ 일

☆ ☆ ☆

21

고려 재건을 꿈꾸다
공민왕

어휘 미리보기

선 왕
이전의 왕.

풍 속
사회에 속한 사람들에게 옛날부터 전해 오는 생활 습관.

금 지
법이나 규칙이나 명령 따위로 어떤 행위를 하지 못하도록 함.

공 식
국가적이나 사회적으로 인정된 공적인 방식.

수 복
잃었던 땅이나 권리 따위를 되찾음.

위 상
어떤 사물이 다른 사물과의 관계 속에서 가지는 위치나 상태.

어휘 사용하기

 평강아! 갑오개혁 때 금지시킨 것이 있다는데 뭔지 알고 있어?

그럼! 제1차 갑오개혁 때 죄인에게 하던 고문이 **공식적으로 금지**되었어!

 그랬구나. 인간을 존중하려는 마음이 담겨 있는 것 같아.

맞아. 갑오개혁으로 인해 많은 것들이 달라졌어.

그 당시의 **풍속**도 같이 알아볼까?

공민왕은 원나라의 간섭을 받던 고려를 다시 일으켜 세우기 위해 노력했어. 공민왕이 시행했던 개혁들을 살펴보자!

원나라의 약화 공민왕이 고려의 왕이 되었을 때에도 고려는 여전히 원나라의 간섭을 받고 있었어. 하지만 원나라는 예전만큼 강하지 못했지. 원나라에서는 권력 다툼이 끊이지 않았고 나라 곳곳에서 반란이 일어나 혼란스러웠거든. 게다가 명나라와 전쟁을 치르며 점점 힘을 잃어 가고 있었어. 이때를 틈타 공민왕은 원나라의 간섭에서 벗어날 기회를 노리고 있었지.

그러던 어느 날, 한 신하가 공민왕에게 말했어.

"전하, 원나라의 옷과 머리 모양을 하는 것은 **선왕**의 제도가 아닙니다. 부디 전하께서는 본받지 마소서."

"하하하! 그래, 아주 옳은 말이로구나!"

공민왕은 크게 기뻐하며 그 자리에서 바로 원나라의 머리 모양을 풀었다고 해. 이때 고려에는 원나라의 옷과 머리 모양 등 원나라 **풍속**이 곳곳에 퍼져 있었거든. 이후 공민왕은 원나라 풍속을 **금지**시켜 버렸어. 더 이상 원나라의 간섭을 받아들이지 않겠다는 **공식** 발표나 다름없었지.

공민왕의 개혁 공민왕은 원나라의 힘을 등에 업고 권력을 마음껏 누리고 있던 기철을 없애 버렸어. 기철의 여동생이 원나라의 황후였는데, 황후인 여동생을 믿고 백성들을 마구 괴롭혔거든. 기철을 없앰으로써 공민왕은 백성들의 지지를 얻었지. 공민왕은 쌍성총관부도 공격했어. 쌍성총관부는 원나라가 고려의 동북쪽을 다스리기 위해 세운 기관이야. 공민왕은 쌍성총관부가 있던 지역을 비롯해서 고려의 옛 영토를 **수복**하는 등 원나라의 간섭으로부터 벗어나기 위해 여러 방면으로 개혁을 시도했어. 공민왕의 노력 덕분에 무너졌던 고려의 위상을 조금이라도 높일 수 있었지. 🙂

⬆ 공민왕의 영토 수복

왈왈!

로빈아! 설쌤과 함께 읽어 본 공민왕 이야기 재밌었지?
제대로 읽고 이해했는지 문제를 통해 같이 확인해 보자!

1 다음 낱말에 알맞은 뜻풀이를 선으로 이으세요.

어휘력

(1) 수복 •　　　　• ㉠ 잃었던 땅이나 권리 따위를 되찾음.

(2) 풍속 •　　　　• ㉡ 어떤 사물이 다른 사물과의 관계 속에서 가지는 위치나 상태.

(3) 위상 •　　　　• ㉢ 사회에 속한 사람들에게 옛날부터 전해 오는 생활 습관.

2 이야기와 일치하는 내용은 O에 표시하고, 일치하지 않는 내용은 X에 표시하세요.

내용
이해

(1) 공민왕 때 원나라는 점점 힘을 잃어 가고 있었습니다. 　　　　　(O / X)

(2) 공민왕은 원나라의 풍속을 따르는 것을 좋아했습니다. 　　　　　(O / X)

(3) 공민왕은 쌍성총관부를 비롯한 고려의 옛 영토를 되찾았습니다. 　　(O / X)

3 다음 글을 읽고 공민왕이 금지한 것을 알맞게 말하지 못한 친구의 이름을 쓰세요.

사고력

　　고려는 오랫동안 원나라의 간섭을 받았어요. 공민왕은 고려의 자주성을 보여 주기 위해 원나라의 풍속을 따르는 것을 금지했어요. 가장 먼저 원나라의 옷을 입는 것을 금지했고, 변발(앞쪽 머리카락을 모두 깎고 뒤쪽 머리카락을 길게 땋은 머리 모양)도 금지했어요. 또한 원나라의 세력을 등에 업고 횡포를 부리던 기철도 제거했어요. 그리고 쌍성총관부를 공격하여 옛 고려의 영토를 되찾았지요.

주원: 변발을 금지시켰습니다.

수현: 원나라의 옷을 입는 것을 금지시켰습니다.

연아: 백성들이 땅을 갖는 것을 금지시켰습니다.

(　　　　　　　　)

로빈아! 이제 **구조도의 빈칸**만 채우면
공민왕 이야기는 확실히 알고 넘어가는 거야! 할 수 있지?

4

요약
정리

다음 보기 중 구조도의 빈칸에 들어갈 알맞은 어휘를 고르세요.

보기   기철   공민왕   쌍성총관부

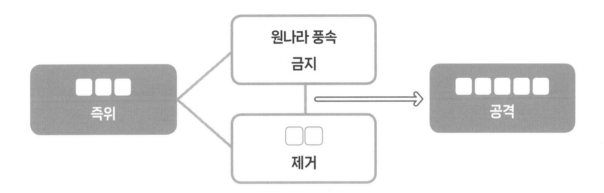

원나라 풍속
금지

☐☐☐
즉위

☐☐
제거

☐☐☐☐☐
공격

22

공민왕의 선택과 버림을 모두 받은
신돈

1358년경
신돈과 공민왕 첫 만남

1366년
전민변정도감 설치

1374년
공민왕 사망

어휘 미리보기

횡 포
제멋대로 굴며 몹시 난폭함.

동 반 자
어떤 행동을 할 때 짝이 되어 함께 하는 사람.

모 함
나쁜 꾀로 남을 어려운 처지에 빠지게 함.

성 인
지혜와 덕이 매우 뛰어나 길이 우러러 본받을 만한 사람.

반 역
통치자에게서 나라를 다스리는 권한을 빼앗으려고 함.

굳 건
뜻이나 의지가 굳세고 건실함.

어휘 사용하기

 평강아, 내가 어제 영화를 봤는데 정말 감동적이었어.

무슨 내용이었는데?

 훌륭한 왕이 **모함**을 받아 힘들어했어.
왕의 적들은 왕이 **횡포**를 부린다며 헛소문을 냈지.
그런데 왕의 오랜 친구가 끝까지 왕을 믿고서 응원해 줬어.

정말?
왕과 친구의 우정이 정말 감동적이다.
그런 **동반자** 같은 사람이 있다면, 어려운 상황에서도 마음을 **굳건**히 먹을 수 있을 것 같아.

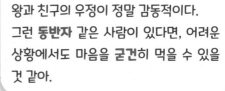

신돈은 공민왕을 도와 개혁을 펼쳤다고 해.
신돈은 어떤 개혁을 했던 걸까?

새로운 신하 고려가 원나라의 간섭을 받고 있을 때였어. 공민왕은 원나라의 간섭에서 벗어나기 위해 여러 노력을 했지. 하지만 여전히 공민왕의 뜻을 반대하는 세력들이 많았어. 원나라의 힘을 믿고 백성들에게 **횡포**를 부리는 귀족들이 많았거든.

공민왕에게는 나라를 바르게 다스리고 함께 개혁을 이루어 나갈 새로운 신하가 필요했어. 그 신하가 바로 신돈이라는 승려야. 신돈은 공민왕의 스승이자 정치적 **동반자**가 되어 개혁을 함께 해 나갔어.

백성을 위한 개혁 신돈은 우선 '전민변정도감'이라는 기관을 세웠어. 이름이 어렵지? 전민변정도감은 토지와 백성들의 문제를 해결해 주는 기관이야. 당시 귀족들은 백성들의 토지를 마음대로 **빼앗곤** 했거든. 신돈은 전민변정도감을 통해 백성들의 억울함을 풀어 주고 토지를 되찾아 주었지. 신돈을 **모함**하며 횡포를 부리던 귀족들의 힘도 약화시켰어. 많은 백성들이 기뻐했지.

"빼앗겼던 내 땅을 다시 돌려받다니!"

"성인이 등장했다! 신돈 만세!"

신돈의 죽음 신돈은 시간이 지나며 권력의 맛을 알게 되자 점점 사치와 술을 좋아하기 시작했어. 신돈의 권력이 강해질수록 그를 경계하던 귀족들은 기회를 놓치지 않았어.

"신돈이 **반역**을 준비하고 있습니다. 조심해야 합니다!"

"신돈을 이대로 두어서는 안 됩니다!"

귀족들은 공민왕을 찾아가 신돈이 반역을 일으키려 한다고 말했어. 결국 신돈을 향한 공민왕의 **굳건했던** 마음에도 금이 가고 말았지. 신돈은 공민왕을 몰아내려 했다는 죄로 죽임을 당하고 말았어.

로빈아! 설쌤과 함께 읽어 본 신돈 이야기 재밌었지?
제대로 읽고 이해했는지 문제를 통해 같이 확인해 보자!

왈왈!

1 다음 뜻풀이에 알맞은 낱말을 보기 에서 골라 쓰세요.

어휘력

| 보기 | 반역 | 성인 | 모함 |

(1) 나쁜 꾀로 남을 어려운 처지에 빠지게 함. ( )

(2) 통치자에게서 나라를 다스리는 권한을 빼앗으려고 함. ( )

(3) 지혜와 덕이 매우 뛰어나 길이 우러러 본받을 만한 사람. ( )

2 이야기와 일치하는 내용은 O에 표시하고, 일치하지 <u>않는</u> 내용은 X에 표시하세요.

내용
이해

(1) 신돈은 공민왕과 함께 개혁을 이루어 나갔습니다. (O / X)

(2) 신돈은 전민변정도감을 세웠습니다. (O / X)

(3) 전민변정도감을 통해 백성들은 빼앗긴 땅을 되찾았습니다. (O / X)

(4) 귀족들은 신돈의 개혁에 찬성했습니다. (O / X)

3 다음 글을 읽고 표의 빈칸에 들어갈 알맞은 낱말을 쓰세요.

사고력

공민왕 때 고려에는 귀족들이 백성들의 땅을 빼앗는 경우가 많았어요. 따라서 백
성들의 삶은 매우 어려웠지요. 이를 본 신돈은 공민왕에게 건의하여 '전민변정도감'
을 설치했어요. 전민변정도감은 백성들의 빼앗긴 토지를 되돌려 주고 억울하게 노비
가 된 백성들의 신분도 다시 되돌려 주었어요. 백성들은 신돈을 지지했지만, 귀족들
은 신돈을 매우 못마땅해했어요.

전민변정도감	– 신돈이 개혁을 위하여 설치한 기관
	– 백성들의 빼앗긴 □□을/를 되돌려 줌.
	– 억울하게 □□이/가 된 백성들의 신분을 되돌려 줌.

로빈아! 이제 **구조도의 빈칸**만 채우면
신돈 이야기는 확실히 알고 넘어가는 거야! 할 수 있지?

왈왈!

4 다음 **보기** 중 구조도의 빈칸에 들어갈 알맞은 어휘를 고르세요.

요약
정리

보기   신돈   공민   전민변정도감

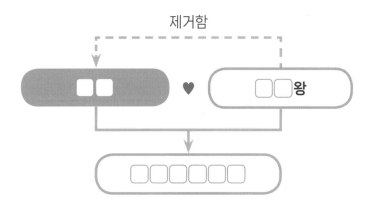

제거함

□□ ♥ □□왕

□□□□□

신돈

백성 모두가 따뜻할 수 있다면!
문익점

1329년
문익점 출생

1363년
원나라 방문 후
목화씨를 가지고 귀국

1398년
문익점 사망

어휘 미리보기

사신
임금이나 나라의 명령을 받고 다른 나라에 파견되는 신하.

들판
넓게 펼쳐진 들.

매섭다
(추위나 바람 등이) 정도가 매우 심하다.

장인
아내의 아버지를 이르는 말.

재배
식물을 심어 가꿈.

삶
사는 일. 또는 살아 있음.

어휘 사용하기

이번 주말에 외할아버지 댁에 가서 옥수수를 재배하는 일을 도와드리기로 했어!

엄청 넓은 들판에 옥수수 씨를 심을 거야.

정말? 재미있겠다.
그런데 갑자기 왜 가기로 한 거야?

아빠께서 "장인어른을 도와드려야 될 것 같다."라고 말씀하셨거든.

그렇구나. 가서 할아버지 잘 도와드리고 와.

문익점 덕분에 고려 백성들이 겨울을 따뜻하게 보낼 수 있었다고 해!
문익점은 어떤 일을 한 걸까?

문익점의 결심 고려의 학자 문익점이 원나라에 사신으로 가게 되었어. 원나라에서 문익점은 들판에 핀 하얗고 푹신한 목화솜을 보았지.

'이 목화솜으로 옷을 만들어 입는다면 우리 백성들이 추운 겨울에도 떨지 않을 텐데……'

이때 대부분의 고려 백성들은 추운 겨울에도 얇은 옷을 여러 겹 겹쳐 입었어. 하지만 아무리 많이 겹쳐 입어도 겨울의 매서운 추위를 견딜 수는 없었지.

이를 안타깝게 여기던 문익점은 목화씨를 고려에 가져가기로 결심했어. 고려에 목화씨를 심고 목화를 키워 목화솜을 얻기 위해서였지. 그러면 고려 백성들도 따뜻한 솜옷을 입을 수 있으니까 말이야.

목화 재배 성공 문익점은 목화씨 여러 개를 고려에 가져왔어. 그리고 장인 정천익과 함께 목화씨를 나눠 심었지. 하지만 문익점은 목화 재배에 모두 실패하고 정천익만 겨우 하나의 목화 재배에 성공했어. 그래도 그들은 포기하지 않고 하나 남은 목화를 더욱더 정성껏 키웠다고 해.

시간이 흘러, 마을 사람들에게 목화씨를 나눠 줄 정도로 목화 수가 많아졌어. 문익점과 정천익은 원나라 승려에게 목화로 옷 만드는 방법을 배워서 사람들에게 자세히 알려 주었지.

마침내 고려 전체에 목화가 널리 퍼졌어. 고려 백성들은 이제 겨울에 얇은 옷이 아닌 솜옷을 입게 되었지. 그리고 솜이불도 만들며 겨울을 따뜻하게 보낼 수 있게 되었어. 문익점과 정천익의 노력 덕분에 고려 백성들의 삶에 큰 변화가 일어난 거야.

로빈아! 설쌤과 함께 읽어 본 문익점 이야기 재밌었지?
제대로 읽고 이해했는지 **문제를 통해 같이 확인해 보자!**

 왈왈!

1 다음 낱말에 알맞은 뜻풀이를 선으로 이으세요.

어휘력

(1) 사신 •   • ㉠ 아내의 아버지를 이르는 말.

(2) 장인 •   • ㉡ 식물을 심어 가꿈.

(3) 재배 •   • ㉢ 임금이나 나라의 명령을 받고 다른 나라에 파견되는 신하.

2 이야기의 내용을 알맞게 말한 친구의 이름을 쓰세요.

내용
이해

> 미나: 문익점은 원나라에서 목화씨를 가져왔습니다.
>
> 예슬: 문익점은 처음부터 목화 재배에 성공했습니다.
>
> 재민: 문익점은 장인 정천익에게 목화로 옷 만드는 방법을 배웠습니다.

(   )

3 다음 글의 내용으로 알맞지 <u>않은</u> 것을 보기 에서 골라 기호를 쓰세요.

사고력

> 문익점은 원나라의 목화씨를 고려에 가져와야겠다고 마음먹었어요. 목화씨만 있으면 고려 백성들이 겨울을 따뜻하게 보낼 수 있을 거라고 생각했지요. 하지만 원나라는 목화씨를 나라 밖으로 가져가는 것을 금지했어요. 그래서 사람들의 짐을 철저하게 검사했지요. 이때 문익점은 목화씨를 붓대 속에 숨겨 몰래 가지고 나왔어요.
>
> 이후 문익점은 장인인 정천익과 목화를 재배하고, 목화로 베 짜는 기술을 연구했어요. 덕분에 백성들은 따뜻하게 겨울을 보낼 수 있었지요.

보기 ㉠ 문익점은 붓대 속에 목화씨를 숨겨 나왔습니다.
㉡ 원나라는 목화씨를 나라 밖으로 나가는 것을 허용했습니다.
㉢ 문익점은 장인과 함께 목화를 재배하고 목화로 베 짜는 기술을 연구했습니다.

(   )

로빈아! 이제 **구조도의 빈칸만** 채우면
문익점 이야기는 확실히 알고 넘어가는 거야! 할 수 있지?

왈왈!

4 다음 보기 중 구조도의 빈칸에 들어갈 알맞은 어휘를 고르세요.

요약
정리

보기   재배   사신   목화   문익점

원나라   고려

◯   ◯

☐☐으로   ☐☐☐   ⇨   정천익   목화 ☐☐
원나라에 감.   성공

☐☐씨를
가져옴.

23 문익점   **117**

24

풀이 나지 않는 무덤의 주인공
최영

1316년
최영 출생

1376년
홍산 대첩

1388년
최영 사망

어휘 미리보기

집 단
여럿이 모여 이룬 모임.

약 탈
폭력을 써서 남의 것을 억지로 빼앗음.

진 두 지 휘
전투나 사업 따위를 직접 앞장서서 지휘함.

기 둥
집안이나 단체, 나라에서 의지가 될 만한 중요한 사람이나 중심이 되는 것을 비유적으로 이르는 말.

바 탕
사물이나 현상의 근본을 이루는 것.

분 개
몹시 분하게 여김.

어휘 사용하기

평강아! 나 어제 외계인이 와서 지구를 **약탈**하는 꿈을 꿨어! 으, 다시 생각해도 정말 무서워.

정말? 꿈에서 어떻게 행동했어?

꿈에서 내가 우리 **집단**의 대장이었어. 무서웠지만 내가 **진두지휘**했지. 우리가 반격하니까 외계인들이 **분개**하며 도망가고 난리도 아니었어.

정말 무서운 꿈이지만 흥미진진한데? 꿈을 **바탕**으로 재미있는 이야기를 써 봐도 좋을 것 같아!

최영은 입술에 화살을 맞고도 흔들리지 않고 전투에서 큰 승리를 거두었다고 해! 최영이 물리친 적들은 누굴까?

고려 말의 기둥 고려 말, 홍건적과 왜구가 끊임없이 고려를 침략했어. 홍건적은 원나라에서 반란을 일으킨 반란군이고 왜구는 일본 해적 **집단**이야. 이들은 고려에 침략해서 고려 백성들을 죽이고 재산을 **약탈**하는 등 고려를 끈질기게 괴롭혔지.

이때 장군 최영이 홍건적을 물리치는 데 큰 공을 세우면서 이름을 알렸어. 최영은 왜구와도 오랫동안 많은 전투를 치렀는데, 특히 홍산 지역에서 왜구를 크게 물리친 것으로 유명해. 이 전투에서 최영은 왜구가 쏜 화살에 입술을 맞았지만 곧바로 화살을 뽑아내고 다시 전투를 이어 나갔어. 입술에 피가 잔뜩 흐르는 채로 말이야. 이때 최영의 나이는 무려 60세였어.

"멈추지 말고 공격하라!"

최영의 기세에 움츠러든 왜구는 도망갔고 고려군은 큰 승리를 거두었어. 이후에도 최영은 직접 전쟁터에 나가 **진두지휘**했지. 최영은 용맹하고 열정이 대단했다고 해. 고려 말의 위태롭고 혼란스러운 상황에서 최영은 나라의 **기둥**이나 마찬가지였어.

풀 없는 무덤 한편 중국에서는 원나라가 무너져 가고 명나라가 새롭게 등장했어. 명나라는 막강한 힘을 **바탕**으로 고려를 함부로 대했어. 심지어 고려가 가진 땅 일부를 내놓으라고 주장했지. 이에 **분개**한 최영은 명나라의 요동 지역을 공격하기로 결심했어. 장군 이성계는 강하게 반대했지만 어쩔 수 없이 왕과 최영의 명령을 따랐지. 그러나 끝까지 요동 정벌이 내키지 않았던 이성계는 결국 군사를 되돌려 반란을 일으켰어. 이후 최영은 권력을 차지한 이성계에 의해 죽임을 당하게 돼. 죽기 전에 최영은 마지막으로 이런 말을 했어.

"내가 만약 죄를 저질렀다면 내 무덤에는 풀이 자랄 것이다. 하지만 죄가 없다면 내 무덤에는 풀이 자라지 않을 것이다."

신기하게도 최영의 무덤에는 실제로 오랫동안 풀이 자라지 않았대.

로빈아! 설쌤과 함께 읽어 본 최영 이야기 재밌었지?
제대로 읽고 이해했는지 문제를 통해 같이 확인해 보자!

왈왈!

1 다음 낱말에 알맞은 뜻풀이를 보기에서 골라 기호를 쓰세요.

어휘력

> **보기**
> ㉠ 몹시 분하게 여김.
> ㉡ 폭력을 써서 남의 것을 억지로 빼앗음.
> ㉢ 전투나 사업 따위를 직접 앞장서서 지휘함.

(1) 진두지휘 (　　　) (2) 약탈 (　　　) (3) 분개 (　　　)

2 다음 중 이야기의 내용과 일치하지 <u>않는</u> 것은 무엇인가요? (　　　)

내용
이해

① 최영은 고려의 장군이었습니다.

② 최영은 이성계에 의해 죽임을 당했습니다.

③ 최영은 홍산 지역에서 왜구를 크게 물리쳤습니다.

④ 최영은 홍건적을 물리치는 데 큰 공을 세웠습니다.

⑤ 최영은 명나라를 공격하자는 이성계의 말에 반대하였습니다.

3 다음 글의 내용을 알맞게 말하지 <u>못한</u> 친구의 이름을 쓰세요.

사고력

> 명나라는 고려 북쪽의 땅을 빼앗으려고 했어요. 이에 최영은 명나라의 요동 지역을 공격하자고 주장했어요. 이성계와 신진 사대부들은 반대했지만, 어쩔 수 없이 요동에 가게 되었어요. 하지만 이성계는 요동으로 가는 도중에 군대를 돌려 반란을 일으켰지요. 결국 최영은 권력을 잡은 이성계에 의해 죽임을 당했어요.

> 민우: 최영은 명나라를 공격하자고 주장했습니다.
> 진하: 왕은 이성계와 함께 요동 정벌을 반대했습니다.
> 정미: 최영은 권력을 잡은 이성계에 의해 죽임을 당했습니다.

(　　　　　　　　)

왈왈!

로빈아! 이제 **구조도의 빈칸**만 채우면
최영 이야기는 확실히 알고 넘어가는 거야! 할 수 있지?

4 다음 보기 중 구조도의 빈칸에 들어갈 알맞은 어휘를 고르세요.

요약
정리

보기	요동	최영	이성계

명나라   **vs**   ☐☐   **vs**   홍건적·왜구

군사를 돌려
최영을 제거함.

☐☐ 공격을 명함.

☐☐☐

25

고려를 향한 변하지 않는 마음
정몽주

어휘 미리보기

충신
나라와 임금을 위하여 충성을 다하는 신하.

병문안
아픈 사람을 찾아가 위로하는 일.

회유
어르고 달래어 시키는 말을 듣도록 함.

답변
물음에 대하여 밝혀 대답함.

일편단심
진심에서 우러나오는 변치 아니하는 마음을 이르는 말.

상징
추상적인 개념이나 사물을 구체적인 사물로 나타냄. 또는 그렇게 나타낸 구체적인 사물.

1388년
위화도 회군

1392년
정몽주 사망

1392년
조선 건국

어휘 사용하기

평강아! 내가 퀴즈를 내 볼게.
한번 **답변**해 봐!

대나무가 무엇을 **상징**하게?

음, 옛날에는 **충신**들을 대나무에 많이
비유했잖아!
그것과 관련이 있을 거 같은데…….

맞아! 변하지 않는 마음!
누군가 아무리 **회유**해도 넘어가지
않는 그 마음!

그런 마음을 **일편단심**이라고
하지!

이성계와 정몽주는 고려의 개혁을 위해 함께 앞장섰어. 하지만 이 둘의 사이가 갈라지기 시작했다는데……. 과연 그 이유가 뭘까?

고려의 충신 최영을 죽이고 권력을 잡은 이성계는 고려의 제도를 개혁해 나가기 시작했어. 이성계와 뜻이 같았던 정몽주도 같이 개혁을 이루어 나갔지. 하지만 이 두 사람은 얼마 지나지 않아 점점 뜻이 갈라지게 되었어.

이성계는 흔들리는 고려를 무너뜨리고 새로운 나라를 세우려고 했어. 반면 정몽주는 고려를 끝까지 지키고자 했지. 고려를 무너뜨리지 않고 개혁해 바로 세우고자 했던 거야.

"나는 고려를 절대 포기할 수 없소!"

고려의 충신이었던 정몽주의 주장은 너무나도 확고했어. 하지만 새로운 나라를 세우고 싶었던 이성계에게 정몽주는 방해가 되는 존재였지.

정몽주의 죽음 그러던 어느 날, 이성계가 말에서 떨어져 다쳤어. 정몽주는 이성계의 **병문안**을 갔지. 이때 이성계의 다섯째 아들 이방원이 시를 지어 정몽주를 회유하려고 했어. 새로운 나라를 세워 오랫동안 같이 잘 다스려 보자고 말이야.

이 시를 듣고 정몽주도 시를 지어 이방원에게 답변했지. 자신의 생각은 변함없이 **일편단심**이라고 말이야. 정몽주는 끝내 이방원의 제안을 거절한 거야.

확고한 정몽주의 의지에 더 이상 설득이 어렵다고 생각한 이방원은 정몽주를 죽이기로 결심했어. 병문안을 마치고 돌아가는 정몽주에게 이방원은 자신의 부하들을 보냈지.

결국 정몽주는 선죽교라는 다리 위에서 죽임을 당했어. 그리고 정몽주가 죽고 나서 얼마 후, 이성계는 새로운 나라 조선을 세웠지.

이렇게 고려는 멸망했고 정몽주가 죽은 선죽교 자리에서는 붉은 대나무가 자랐다고 해. 그 대나무는 고려를 지키기 위해 끝까지 노력했던 충신, 정몽주의 **상징** 아니었을까? 😎

로빈아! 설쌤과 함께 읽어 본 정몽주 이야기 재밌었지?
제대로 읽고 이해했는지 문제를 통해 같이 확인해 보자!

왈왈!

1 다음 낱말과 뜻풀이가 바르게 짝 지어진 것은 O표, 그렇지 않은 것은 X표 하세요.

어휘력

(1) 일편단심 – 진심에서 우러나오는 변치 아니하는 마음을 이르는 말.　(　　　)

(2) 병문안 – 어르고 달래어 시키는 말을 듣도록 함.　　　　　　　　(　　　)

(3) 충신 – 나라와 임금을 위하여 충성을 다하는 신하.　　　　　　　(　　　)

2 이야기에서 일이 일어난 순서대로 보기 의 기호를 쓰세요.

내용
이해

> **보기**　㉠ 이성계와 정몽주의 뜻이 갈라지기 시작했습니다.
>
> 　　　　㉡ 이성계와 정몽주는 함께 개혁을 이루어 나갔습니다.
>
> 　　　　㉢ 정몽주는 이방원의 부하에 의해 선죽교에서 죽임을 당했습니다.
>
> 　　　　㉣ 이성계의 아들 이방원이 정몽주를 회유했지만 정몽주는 이를 거절했습니다.

(　　　) – (　　　) – (　　　) – (　　　)

3 다음 시는 누가 지은 것인지 이야기에서 찾아 쓰세요.

사고력

> 　　　　　이런들 어떠하리 저런들 어떠하리
>
> 　　　　만수산 드렁칡이 얽어진들 어떠하리
>
> 　　우리도 이같이 얽어져 백 년까지 누리리라.
>
> 이 시조는 「하여가」로, 복잡하게 생각하지 말고 함께 새로운 나라에서 살아가자는
> 뜻이 담겨 있습니다.
>
> 　　　　이 몸이 죽고 죽어 일백 번 고쳐 죽어
>
> 　　　　백골이 진토되어 넋이라도 있고 없고
>
> 　　　　님 향한 일편단심이야 가실 줄이 있으랴.
>
> 이 시조는 「단심가」로, 자신의 마음은 변함없이 고려에 있다는 뜻이 담겨 있습니다.

(1) 하여가 – (　　　　　　　　　)　　(2) 단심가 – (　　　　　　　　　)

왈왈!

로빈아! 이제 **구조도의 빈칸**만 채우면
정몽주 이야기는 확실히 알고 넘어가는 거야! 할 수 있지?

4

요약
정리

다음 보기 중 구조도의 빈칸에 들어갈 알맞은 어휘를 고르세요.

보기   정몽주   이방원   선죽교

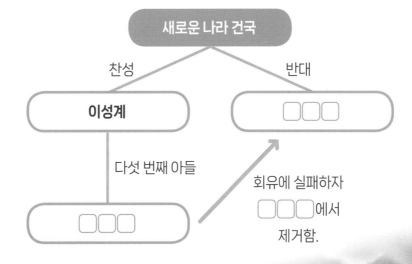

새로운 나라 건국

찬성   반대

이성계   ☐☐☐

다섯 번째 아들   회유에 실패하자

☐☐☐   ☐☐☐에서
제거함.

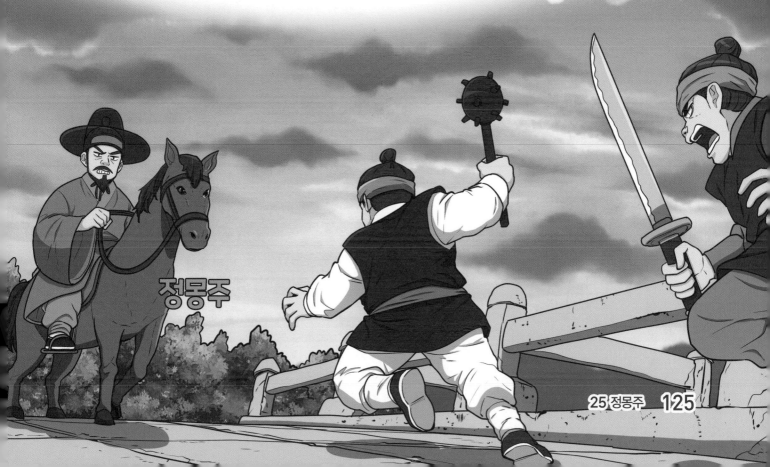

정몽주

" 역사의 소용돌이 속에서 다른 길을 갔던 두 인물 "

원나라의 간섭을 물리친 공민왕은 개혁 정치를 해 나갔어. 그의 개혁 정치로 그동안 원나라를 등에 업고 권력을 휘두른 권문세족들은 피해를 입었지. 그리고 공민왕은 자신이 직접 나서지 않고, 신돈이라는 승려를 등용하여 개혁 정치를 주도하게 했대. 그러자 곧 권문세족의 화살은 공민왕이 아닌 신돈에게로 향하게 됐어.

공민왕

출생	1330년
사망	1374년
한 줄 요약	원 간섭기를 끝낸 왕
연관 키워드	반원 개혁 정동행성 폐지 쌍성총관부 수복 신돈 등용

공민왕 과 신돈

공민왕에 의해 나라의 정치를 이끌게 된
신돈은 점차 권력의 맛에 취하게 돼.
이를 보고 권문세족들이 가만 있을리 없었지.
나중에는 뒤에서 신돈을 지지하던
공민왕마저 신돈을 버렸다고 해.

신돈

출생	1323년
사망	1371년
한 줄 요약	고려 사회의 개혁을 꾀한 승려
연관 키워드	전민변정도감 설치 개혁가 권문세족과 대립

사진 출처

✦ 초등학생이 알아야 할 한국사 인물 100명!

설민석의 초등 한국사 독해

2
정답과 도움말

▶ 설쌤의 다양한 한국사 동영상 특별 제공

설쌤이 들려주는 한국사
인물 이야기로 초등 독해력 완성

설민석의 초등 한국사 독해

정답과 도움말

단꿈 e

01 신문왕

010~013쪽

1 (1) 반란 (2) 정비 (3) 제도

2 (1) ○ (2) X (3) ○

> **도움말**
> (2) 신문왕은 반란을 빠르게 진압하고 자신의 반대 세력들을 모두 제거했습니다. 이 일로 귀족들의 힘은 약해지고, 신문왕의 힘은 아주 강해졌습니다.

3 소속감, 왕권

신문왕은 영토를 9주 5소경으로 개편하고, 귀족들을 소경으로 보내 그곳에 살고 있던 백제와 고구려 유민들이 신라에 대한 소속감을 갖게 했습니다. 또한 귀족들을 뿔뿔이 흩어지게 함으로써 왕권을 강화하였습니다.

4

```
            문무왕
              ⇩
            신문왕
   ┌──────────┼──────────┐
통치 제도 정비   감은사 건립      만파식적
            아버지께 감사하는   • 대나무 피리
            마음을 담아 건립함.  • 적군을 물러나게 하고 가뭄
                            에 비가 오게 함.
```

02 대조영

014~017쪽

1 (1) ⓒ (2) ⓒ (3) ⓐ

2 ②

당나라 관리들은 고구려 유민들뿐 아니라 거란족과 말갈족도 힘들게 했습니다.

3 태성

발해는 고구려의 문화와 정신을 계승한 나라로, 온돌과 무덤 양식 등 고구려와 비슷한 부분이 많습니다.

4

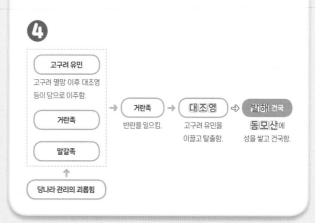

03 장보고
018~021쪽

1 (1) ○ (2) ○ (3) X

도움말

(3) '기지'는 '군대, 탐험대 등이 머물면서 활동할 수 있게 필요한 시설을 갖춘 장소.'라는 뜻입니다. '사건이나 문제, 일 등을 잘 처리해 끝을 냄.'은 '해결'의 뜻입니다.

2 ⑤

장보고는 해적들로부터 신라를 지켜 냈습니다. 이후 신라는 더 이상 해적들에게 괴롭힘 당하지 않았고, 다른 나라와의 무역도 활발히 할 수 있었습니다.

3 ⑤

장보고는 당나라 해적들로부터 신라를 지켰습니다. 사람들은 해적들을 모조리 물리친 장보고를 '바다의 왕'이라고 불렀습니다.

4

신라: **장보고** ➡ 당나라: 당나라의 장군이 됨.
당나라로 건너감.
청해진을/를 설치함. ⬅ **해적**들이 신라 사람들을 노예로 잡아 온 것을 목격함.
신라로 돌아옴.

04 최치원
022~025쪽

1 (1) 제한 (2) 개혁 (3) 좌절

도움말

(1) 신라는 신분에 따라 많은 한계가 있었다는 내용이므로, '일정한 한도를 정하거나 그 한도를 넘지 못하게 막음.'이라는 뜻의 '제한'이 알맞습니다.
(2) 최치원이 혼란스러운 신라를 위해 신라를 새롭게 고쳐야 한다고 생각했다는 내용이므로, '제도나 기구 따위를 새롭게 뜯어고침.'이라는 뜻의 '개혁'이 알맞습니다.
(3) 자신의 의견이 받아들여지지 않자 최치원의 마음이 꺾였다는 내용이므로, '마음이나 기운이 꺾임.'이라는 뜻의 '좌절'이 알맞습니다.

2 ㉣

신라로 돌아온 최치원은 왕에게 10여 개의 개혁안을 올렸지만, 받아들여지지 않았습니다. 이후 좌절한 최치원은 관직을 버리고 전국을 떠돌아다녔습니다.

3 ⑤

당시 신라는 지방 호족들의 횡포로 나라가 혼란스러웠습니다. 이를 본 최치원은 신라의 문제점을 해결하기 위해 왕에게 개혁안을 올렸습니다. 그러나 귀족들의 거센 반발로 받아들여지지 않았습니다.

4

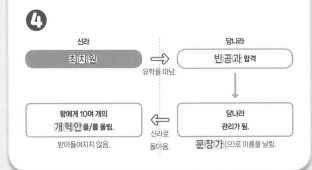

신라: **최치원** ➡ 당나라: **빈공과** 합격
유학을 떠남.
왕에게 10여 개의 **개혁안**을/를 올림. ⬅ 당나라 관리가 됨.
받아들여지지 않음. 신라로 돌아옴. **문장가**(으)로 이름을 날림.

05 견훤

026~029쪽

① (1) ⓒ (2) ⓔ (3) ㉠

② (1) ○ (2) X (3) ○ (4) ○

도움말

(2) 후백제가 자리 잡은 땅은 농사가 잘 되어서 쌀이 풍부했습니다.

③ (1) 보라색 (2) 바늘 (3) 지렁이 (4) 견훤

견훤의 탄생에는 신비한 이야기가 있습니다. 어느 부잣집의 딸은 밤마다 보라색 옷을 입은 남자가 찾아온다고 하였고, 이를 들은 아버지는 그 남자의 옷에 긴 실이 달린 바늘을 꽂아 두라고 했습니다. 다음 날 실을 따라가 보니 그곳에는 지렁이가 있었습니다. 그 후 여인이 낳은 아들은 자라 스스로를 견훤이라고 불렀습니다.

④

견훤 → 후백제 건국 → 첫째 아들 신검이 견훤을 절에 가두고 왕이 됨.

견훤이 후백제를 공격하는 데 앞장섬.

고려 ← 견훤은 절에서 탈출하여 고려에 항복함.

06 궁예

034~037쪽

① (1) 출생 (2) 시력 (3) 포악

도움말

(1) 궁예가 태어날 때 신비한 일이 있었다는 내용이므로, '사람이 태어남.'이라는 뜻의 '출생'이 알맞습니다.
(2) 궁예가 한쪽 눈으로 앞을 볼 수 없게 되었다는 내용이므로, '물체를 볼 수 있는 눈의 능력.'이라는 뜻의 '시력'이 알맞습니다.
(3) 궁예가 점점 행동이 사납고 악해졌다는 내용이므로, '성격이나 행동이 사납고 악함.'이라는 뜻의 '포악'이 알맞습니다.

② ③

궁예는 고구려의 뒤를 잇는 나라라는 뜻의 '후고구려'를 세웠습니다. 이후 후고구려, 후백제 그리고 신라가 존재하는 후삼국 시대가 열리게 되었습니다.

③ 나래

궁예는 왕권을 강화하고 싶었으나 당시 호족들의 힘이 세서 쉽지 않았습니다. 이후 궁예는 왕권을 강화하기 위해 자신에게 방해가 되는 사람들을 제거하며 난폭하고 포악해졌습니다.

④

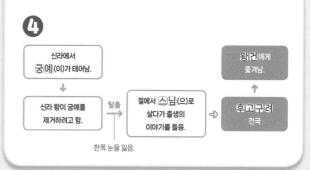

정답과 도움말 **5**

07 왕건
038~041쪽

❶ (1) ㉡ (2) ㉠ (3) ㉢

❷ ㉢

왕건은 원래 궁예의 부하였습니다. 왕건은 점점 난폭해지는 궁예를 몰아내고, 새로운 나라 '고려'를 세웠습니다.

❸ (1) 신하 (2) 왕 (3) 고구려

도움말

(1) 왕건은 신하들이 지켜야 할 도리를 담은 「정계」, 「계백료서」와 같은 글을 지었습니다.
(2) 왕건은 후대의 왕들이 나라를 다스리는 데 필요한 내용을 담은 「훈요10조」를 발표했습니다.
(3) 왕건은 고구려의 옛 영토를 되찾기 위해 북진 정책을 펼쳤습니다.

❹

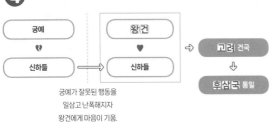

궁예 → 신하들
왕건 → 신하들 ⇒ **고려** 건국 ⇩ **후삼국** 통일

궁예가 잘못된 행동을 일삼고 난폭해지자 왕건에게 마음이 기움.

08 광종
042~045쪽

❶ (1) 해방 (2) 반역 (3) 선발

❷ (1) ○ (2) ○ (3) X

도움말

(3) 광종은 지방 세력인 호족의 힘을 약화시키고 왕권을 강화하려 했습니다.

❸ ⑤

광종이 '노비안검법', '과거 제도'와 같은 여러 제도들을 시행한 가장 큰 이유는 왕권을 강화하기 위해서입니다. 노비안검법을 통해 호족들이 거느리는 노비를 줄였으며, 과거 제도를 통해 호족이라도 시험에 통과하지 못하면 관리가 될 수 없게 하였습니다.

❹

호족 광종 → 왕권 강화 → 호족 광종

노비안검법 억울하게 노비가 된 자를 양인으로 되돌려 줌.

과거 제도 시험을 통해 관리를 선발

09 서희

❶ (1) ㉡ (2) ㉠ (3) ㉢

❷ 우진

서희가 소손녕을 설득한 덕분에 거란군은 물러갔습니다. 이후 고려는 압록강 근처를 차지하던 여진을 몰아내고 강동 6주를 얻었습니다.

❸ ㉢

서희는 거란이 진짜로 원하는 것은 전쟁이 아니라 고려와 관계를 맺는 것이라고 생각했습니다. 따라서 서희는 항복을 하지 않고 거란의 장수 소손녕을 만나 담판을 벌였습니다. 그 결과로 거란군은 물러났고, 고려는 여진을 몰아내고 강동 6주를 얻었습니다.

❹

고려가 차지한 북쪽 땅을 내놓으시오!

왜 거란이 아닌 송나라와 친하게 지내는가?

소손녕 vs 서희

↓

강동 6주 획득

우린 고구려를 계승한 나라요! 오히려 거란이 우리 땅을 차지하고 있는 것이오!

여진이 길을 막고 있어 거란과 교류할 수 없었소!

10 강감찬

❶ (1) 체격 (2) 용맹 (3) 연결

도움말

(1) 강감찬이 몸집은 작았지만 지혜로웠다는 내용이므로, '근육과 뼈 등으로 나타나는 몸 전체의 겉모습.'이라는 뜻의 '체격'이 알맞습니다.
(2) 강감찬이 매우 용감하고 기운찬 장군이었다는 내용이므로, '용감하고 날래며 기운참.'이라는 뜻의 '용맹'이 알맞습니다.
(3) 강감찬이 소가죽을 이어 강물을 막았다는 내용이므로, '둘 이상의 사물이나 현상 등이 서로 이어지거나 관계를 맺음.'이라는 뜻의 '연결'이 알맞습니다.

❷ (1) X (2) ○ (3) ○

도움말

(1) 강감찬은 물러나는 거란군을 그대로 보내 줄 생각이 없었습니다. 그는 돌아가던 거란군에 화살을 퍼부어 귀주에서 큰 승리를 거두었습니다.

❸ 서희, 강감찬

거란의 첫 번째 침입 때 고려는 서희의 외교 담판으로 강동 6주를 얻었습니다. 거란이 세 번째로 고려를 쳐들어왔을 때, 강감찬이 귀주에서 크게 승리하였고 이후 거란과 고려는 평화로운 관계를 유지했습니다.

❹

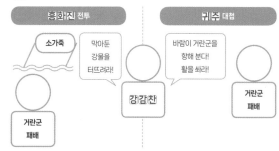

흥화진 전투 | 귀주 대첩
소가죽 / 막아둔 강물을 터뜨려라! / 강감찬 / 거란군 패배
바람이 거란군을 향해 분다! 활을 쏴라! / 거란군 패배

11 최충
058~061쪽

1 (1) ⓒ (2) ⓒ (3) ㉠

2 ㉣
9재 학당 출신의 많은 제자들이 과거 시험에 합격했고, 이로 인해 9재 학당은 더욱 유명해졌습니다.

3 9재 학당, 사학 12도
최충이 세운 사립 학교의 이름은 '9재 학당'이고, 여기에 영향을 받은 다른 학자들이 세운 12개의 사립 학교를 '사학 12도'라고 합니다.

4

관직 생활		은퇴 이후
• 역사서 서술	최충	사립 학교
• 법 정비		9재 학당 설립

12 윤관
062~065쪽

1 (1) ○ (2) ○ (3) X

> **도움말**
> (3) '기병'은 '말을 타고 싸우는 병사.'라는 뜻입니다. '걸어서 이동하며 총 등으로 적을 공격하는 병사.'는 '보병'의 뜻입니다.

2 ㉣-ⓒ-㉠-ⓒ
여진족은 원래 고려에 조공을 바치던 민족이었는데, 언젠가부터 힘이 강해져 고려를 위협하였습니다(㉣). 고려는 여진족을 물리치려 했지만 계속 실패하였습니다. 왕이 윤관에게 여진족을 정벌하라고 했지만, 윤관 역시 실패했습니다(ⓒ). 실패하고 돌아온 윤관은 왕에게 새로운 군대가 필요하다고 했고, 별무반이 만들어졌습니다(㉠). 별무반은 여진족을 몰아냈고 고려는 여진족이 살던 동북 지역에 동북 9성을 쌓았습니다.(ⓒ)

3 ④, ⑤
동북 9성 지역을 빼앗긴 여진족은 계속해서 고려군을 공격했습니다. 그리고 다시는 고려를 공격하지 않고, 고려에 계속 조공을 바칠테니 동북 9성을 돌려달라고 요구했습니다.

4

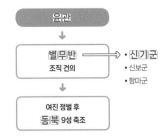

13 의천

066~069쪽

1 (1) 종파 (2) 번성 (3) 추구

2 (1) ○ (2) ○ (3) X

> ✏️ **도움말**
>
> (3) 의천은 주위의 반대에도 불구하고, 불교에 대한 가르침을 얻기 위해 몰래 송나라로 떠났습니다.

3 (1) 교종 (2) 선종 (3) 해동 천태종

교종은 불교의 교리를 가장 중요시하였고, 선종은 깨달음을 가장 중요시하며 서로 대립하였습니다. 이를 본 의천은 해동 천태종을 창시하여 교종과 선종을 아울렀습니다.

4

| 문종의 넷째 아들 | → 의천 ← | 송나라 유학 |

의천 ↓ 불교 통합을 위한 노력

14 김부식

070~073쪽

1 (1) © (2) ○ (3) ⊙

2 ©

왕의 명령을 받은 김부식은 여러 학자들과 함께『삼국사기』를 편찬하였습니다. 김부식 혼자서 모든 내용을 쓴 것은 아니고 여러 학자들과 함께『삼국사기』를 편찬했습니다.

3 ○

김부식이 신라의 후손이었기 때문에『삼국사기』는 삼국 중 신라의 이야기를 가장 자세히 담고 있습니다.『삼국사기』에서는 후삼국 시대의 견훤과 궁예에 대해서는 부정적으로 바라보고 있으며, 신화나 전설 같이 사실이 아닌 이야기들은 가능한 한 싣지 않으려 노력했습니다.

4

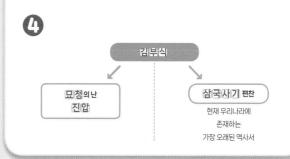

김부식 → 묘청의 난 진압 / → 삼국사기 편찬 (현재 우리나라에 존재하는 가장 오래된 역사서)

4주

15 일연
074~077쪽

❶ (1) X (2) ○ (3) ○

✏️ **도움말**

(1) '간섭'은 '직접 관계가 없는 남의 일에 참견함.'이라는 뜻입니다.

❷ (1) ○ (2) X (3) ○ (4) ○

✏️ **도움말**

(2) 『삼국유사』에는 노래, 설화, 전설 등 다양한 내용이 담겨 있습니다.

❸ **진서**

『삼국사기』와 『삼국유사』는 모두 고려 시대에 쓰였고 삼국 시대의 역사를 기록하고 있습니다. 『삼국사기』는 김부식이 펴낸 책이고, 『삼국유사』는 승려 일연이 펴낸 책입니다. 단군 신화가 기록된 것은 『삼국유사』입니다.

❹

16 정지상
082~085쪽

❶ (1) ㉡ (2) ㉠ (3) ㉢

❷ **민영**

정지상은 서경 출신으로, 수도를 옮겨야 한다는 묘청의 주장에 적극 가담하였습니다. 정지상이 쓴 시는 오늘날 여러 편 전해지고 있습니다.

❸ ⑤

김부식은 정지상의 시 짓는 능력을 질투하였습니다. 정지상은 서경으로 수도를 옮겨야 한다는 묘청의 반란에 적극 가담하였습니다.

❹

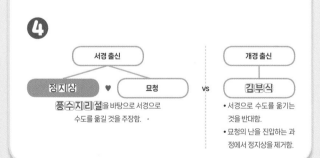

17 최충헌
086~089쪽

1 (1) 우대 (2) 정변 (3) 정점

> **도움말**
>
> (1) 무신을 무시하고 문신을 특별 대우했다는 내용이
>   므로, '특별히 잘 대우함. 또는 그런 대우.'라는
>   뜻의 '우대'가 알맞습니다.
> (2) 무신들이 반란을 일으켜 권력을 차지하였다는 내
>   용이므로, '혁명이나 쿠데타 등의 법에 어긋나는
>   방법으로 생긴 정치적 변화.'라는 뜻의 '정변'이
>   알맞습니다.
> (3) 최충헌이 최고의 권력을 누렸다는 내용이므로,
>   '맨 꼭대기가 되는 곳.'이라는 뜻의 '정점'이 알맞
>   습니다.

2 ⑤

최충헌은 고려의 무신이었습니다. 무신 정변 이후, 무신들
은 서로 권력을 차지하기 위해 싸웠고 최충헌은 이의민을
죽여 권력을 장악했습니다. 최충헌은 자신의 권력을 유지
하기 위해 백성들의 돈과 땅을 빼앗아 재산을 늘렸습니다.
최충헌이 죽은 이후에도 그의 후손들은 60여 년 동안이나
권력을 차지했습니다.

3 권력

최충헌은 이의민을 제거해 권력을 차지하고 교정도감 및
도방을 설치했으며, 백성들의 세금으로 재산을 늘렸습니
다. 결국 최충헌은 고려 최고의 권력을 얻었고, 최충헌의
후손들 역시 오랫동안 권력을 누렸습니다.

4

무신 정변 ──────── 최씨 무신 정권 ──────────▶

최충헌 → 최우 → 최항 → 최의

제거↘

이의민

18 만적
090~093쪽

1 (1) 난 (2) 해방 (3) 의미

2 (1) X (2) ○ (3) X (4) ○

> **도움말**
>
> (1) 무신 정변 이후, 백성들은 무신들의 사치로 더 많
>   은 세금을 내야 했고 백성들의 삶은 더 어려워졌
>   습니다.
> (3) 순정은 만적의 난이 실패하는 것이 두려워 자신
>   의 주인에게 이를 일러바쳤습니다.

3 민상

"왕이나 장군, 재상이 될 사람이 따로 있는가? 때만 만나면
누구나 될 수 있는 것이다!"라는 만적의 말은 때만 잘 만나
면 누구나 왕이나 장군, 재상이 될 수 있다는 의미를 담고
있습니다. 즉, 만적은 사람은 누구나 평등하다고 생각하였
습니다.

4

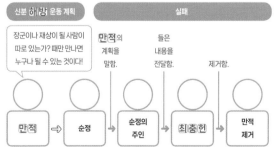

19 삼별초

094~097쪽

❶ (1) ⓒ (2) ⓒ (3) ㉠

❷ ㉣-ⓒ-㉠-ⓒ

고려는 최씨 무신 정권 때 몽골의 침입에 맞서 수도를 개경에서 강화도로 옮겨 저항을 이어갔지만, 결국 항복한 뒤 다시 개경으로 수도를 옮겼습니다(㉣). 그러나 삼별초는 항복을 거부했습니다. 배중손은 삼별초를 이끌고 진도로 내려가 계속 맞서 싸웠습니다(ⓒ). 그러자 고려 정부는 몽골과 연합하여 진도를 공격했고 삼별초는 크게 패했습니다(㉠). 이후 김통정은 삼별초를 이끌고 제주도로 가서 끝까지 맞서 싸웠지만 삼별초는 결국 패하고 말았습니다(ⓒ).

❸ 신의군

삼별초는 좌별초와 우별초 그리고 신의군으로 이루어졌습니다. 신의군은 몽골에 원한이 있는 사람들로 구성된 군대입니다.

❹

20 안향

098~101쪽

❶ (1) ⓒ (2) ㉠ (3) ⓒ

❷ ⓒ

성리학은 사람의 마음과 우주의 질서에 대해 깊이 탐구하는 학문입니다.

❸ ②

고려 말기는 매우 혼란스러운 시기였습니다. 이때 성리학이 유행하였는데, 도덕을 중시하는 성리학이 왕의 부패와 사치 그리고 관리들의 횡포를 막을 수 있다고 생각하는 학자들이 많았기 때문입니다.

❹

5주

21 공민왕
106~109쪽

1 (1) ㉠ (2) ㉢ (3) ㉡

2 (1) ○ (2) X (3) ○

> **도움말**
>
> (2) 공민왕은 원나라의 간섭에서 벗어나기 위해 고려
> 에 퍼져 있는 원나라의 풍속을 금지시켰습니다.

3 연아

공민왕은 원나라의 간섭에서 벗어나기 위해 원나라의 옷
을 입는 것과 변발을 금지시켰습니다. 그리고 신돈과 함께
개혁을 이루어 나가며, 백성들이 빼앗긴 땅을 되찾아 주었
습니다.

4

```
공민왕        원나라 풍속
즉위            금지          쌍성총관부
                               공격
            기철
            제거
```

22 신돈

110~113쪽

1 (1) 모함 (2) 반역 (3) 성인

2 (1) ○ (2) ○ (3) ○ (4) X

> **도움말**
>
> (4) 신돈은 전민변정도감을 통해 백성들의 억울함을
> 풀어주고 토지를 되찾아 주었습니다. 따라서 백
> 성들은 신돈을 지지하였지만, 귀족들은 신돈을
> 견제하였습니다.

3 토지, 노비

신돈은 전민변정도감을 통해 백성들의 빼앗긴 토지를 되
돌려 주고 억울하게 노비가 된 백성들의 신분도 되돌려 주
었습니다.

4

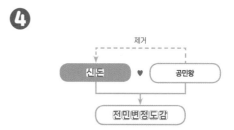

23 문익점
114~117쪽

1 (1) ㉢ (2) ㉠ (3) ㉡

2 미나

처음에 문익점은 목화 재배에 실패하고, 장인인 정천익만 겨우 하나의 목화 재배에 성공했습니다. 하지만 이들은 포기하지 않고 하나 남은 목화를 정성껏 키웠습니다. 이후 목화 재배에 성공한 문익점과 정천익은 원나라 승려에게 목화로 옷 만드는 방법을 배웠습니다.

3 ㉡

원나라는 목화씨를 나라 밖으로 가져가는 것을 금지하고, 나라 밖으로 나가는 사람들의 짐을 철저하게 검사했습니다.

4

원나라 | 고려

사신으로 원나라에 감. 문익점 ⇒ 목화씨를 가져옴. | 정천익 목화 재배 성공

24 최영
118~121쪽

1 (1) ㉢ (2) ㉡ (3) ㉠

2 ⑤

최영은 명나라의 요동 지역을 공격하자고 주장했고, 이성계는 이에 반대하였습니다.

3 진하

왕은 명나라의 요동 지역을 공격하자는 최영의 말에 따라 이성계를 요동으로 보냈습니다.

4

명나라 vs 최영 vs 홍건적·왜구

군사를 돌려 최영을 제거함. | 요동 공격을 명함.

이성계

25 정몽주

122~125쪽

❶ (1) ○ (2) X (3) ○

도움말

(2) '병문안'은 '아픈 사람을 찾아 위로하는 일.'이라는 뜻입니다. '어르고 달래어 시키는 말을 듣도록 함.'은 '회유'의 뜻입니다.

❷ ㉡ - ㉠ - ㉣ - ㉢

이성계와 정몽주는 함께 개혁을 이루어 나갔습니다(㉡). 하지만 정몽주는 고려를 개혁하여 바로 세우려 했고, 이성계는 새로운 나라를 세우려 하면서 둘의 뜻이 갈라졌습니다(㉠). 이성계의 아들인 이방원이 시를 지어 정몽주를 회유했지만, 정몽주는 이방원의 설득을 거절했습니다(㉣). 설득이 불가능하다고 생각한 이방원은 결국 부하를 시켜 정몽주를 죽였고(㉢), 이성계는 새로운 나라 조선을 세웠습니다.

❸ (1) 이방원 (2) 정몽주

이방원은 새로운 나라를 세워 오랫동안 같이 잘 다스려 보자는 내용의 시를 지었고, 정몽주는 자신의 마음은 변함이 없다는 내용의 시를 지었습니다. 따라서 「하여가」를 지은 것은 이방원이고, 「단심가」를 지은 것은 정몽주입니다.

❹

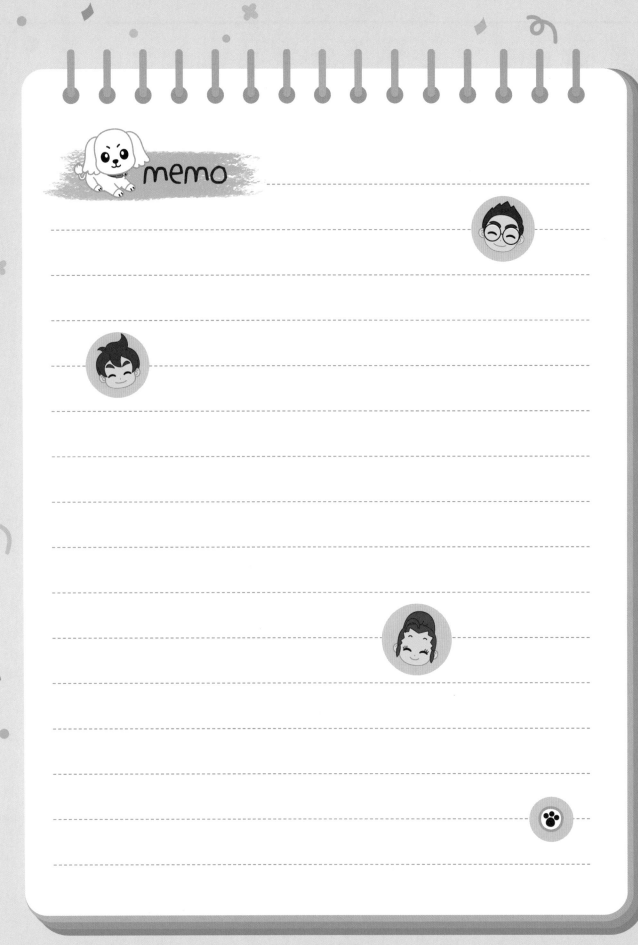

memo

단꿈아이의 초등 교육 플랫폼
단꿈 e 를 소개합니다

저희 단꿈e는 다양한 과목의 흥미로운 강의와 인터렉티브 학습 도구를 통해,
초등학생들이 스스로의 학습 속도에 맞추어 창의력을 마음껏 발휘하며
즐겁게 학습할 수 있도록 돕습니다.

초3 버릇 고3 간다
단꿈 e

www.dankkume.com

설민석의 초등 한국사 독해

한국사와 독해력을 한 번에 완성!

①권 우리 역사의 시작~고대

②권 통일 신라와 발해~고려

③권 조선

④권 일제 강점기~현대

설민석의 초등 한국사

우리 아이 한국사 첫걸음!
현직 초등 교사가 추천하는
초등 한국사 참고서!

어린이제품 안전 특별법에 의한 기타표시사항

제품명 도서 | 제조자명 (주)단꿈아이
제품국명 대한민국 | 사용연령 7세이상
전화번호 031-623-1145
주소 경기 성남시 분당구 판교로 242, C동 701-2호
이 제품은 KC 안전기준을 통과하였습니다